Liebestolle Katzen und berauschte Kühe

Giorgio Samorini

Liebestolle Katzen und berauschte Kühe

Vom Drogenkonsum der Tiere

AT Verlag

Aus dem Italienischen übersetzt
von Daniela Baumgartner

AT Verlag, Aarau, Schweiz
Umschlagabbildung: Bildagentur Baumann, Würenlingen
Druck und Bindearbeiten: Clausen & Bosse, Leck
Printed in Germany

ISBN 3-85502-770-6

Inhaltsverzeichnis

Einleitung

Die meisten Menschen verbinden mit Drogen sofort das »Problem Droge«, und daher rührt die allgemeine Ansicht, dass der Begriff »Droge« und das »Problem Droge« miteinander identisch sind. Die negative Besetzung des Drogenbegriffs wird in einem Kulturraum, in dem der Einnahme von Drogen jeglicher Nutzen abgesprochen wird, noch zusätzlich verschärft.

Drogen schaden, Drogen sind ein Laster, Drogen sind Symptom eines Unbehagens, eines individuellen und sozialen Leidens. Solche Urteile tragen zum oft selbstverständlichen Gemeinplatz bei, dass der Drogengebrauch ein von der Normalität abweichendes Verhalten darstellt, welches allein der menschlichen Spezies eigen ist.

Diesem Paradigma des modernen westlichen Denkens widersprechend, gibt es eine Fülle von bemerkenswerten und immer unbestreitbareren Daten, die jedoch weiterhin nicht gebührend gewertet werden; sie zeigen auf, dass die Einnahme von Drogen auch in der Tierwelt ein weit verbreitetes Verhalten ist. Einzelne Fälle von Suchtverhalten bei Tieren waren bereits seit langem bekannt; man hat ihnen jedoch weiter keine Beachtung geschenkt, getreu der Regel, dass der moderne Mensch sich nicht für Tatsachen interessiert, die er sich nicht erklären kann oder die in krassem Widerspruch zu den von ihm von vorneherein auserwählten Erklärungsmodellen stehen. Darüber hinaus deuteten einige noch vorsichtigere Verhaltensforscher diese bizarren Verhaltensweisen der Tiere mit Hilfe psychologischer Begriffe, und zwar als Symptom eines Unwohlseins des betreffenden Tieres, und projizierten die pathologische Interpretation von der menschlichen Spezies auf die Tierwelt.

Im Laufe der letzten Jahrzehnte haben die Verhaltensforscher durch die Anwendung immer raffinierterer Beobachtungstechniken und durch die Zusammenfassung der weltweit gesammelten Daten eine solche Fülle von Informationen über Drogen konsumierende Tiere erfasst, dass sie nicht mehr unterschätzt werden können. Das, was zu Anfang als eine Ausnahme erscheinen konnte, stellt sich heute als eine Verhaltensregel heraus, die in allen Gattungen der Tierwelt verbreitet ist, von den Säugetieren bis zu den Vögeln und Insekten. Eine Interpretation dieses Verhaltens als vereinzelte Fälle von »Unwohlsein« ist daher nicht mehr haltbar. Es ist vielmehr anzunehmen, dass das Verhalten der Tiere – und folglich auch der Menschen –, Drogen zu nehmen, so etwas wie eine natürliche Komponente aufweist; mit anderen Worten, die Droge erfüllt bei den Tieren irgendeine natürliche Funktion, die wir noch nicht verstehen. Für eine tiefer gehende Analyse der Motivationen von Tieren wie auch von Menschen, Drogen zu nehmen, verweise ich auf das letzte Kapitel dieser kurzen Abhandlung.

Die ersten Hinweise wissenschaftlichen Charakters über den Drogengebrauch von Tieren können in die zweite Hälfte des 19. Jahrhunderts datiert werden. Paolo Mantegazza berichtete in seinem umfangreichen Werk über Drogen, dass die »Nervennahrungsmittel«, wie er die Drogen zu nennen pflegte, »fast ausschließlich vom Menschen verwendet werden, der sich des komplexesten Nervensystems aller Lebewesen erfreut. Diejenigen Tiere, die uns in ihrer Intelligenz am nächsten sind, können sie als angenehm empfinden, wenn man sie im gezähmten Zustand damit vertraut macht. Affen, Papageien und auch Hunde mögen oft leidenschaftlich gerne Kaffee und Tee; aber in der Natur würden sie, allein auf ihren Instinkt angewiesen, nicht darauf aufmerksam werden.« In einer Fußnote fügt er jedoch noch hinzu: »Der wissenschaftliche Fortschritt wird diese allzu feststehenden letzten Behauptungen gründlich entkräften. Vielleicht ist ja nicht einmal der Gebrauch der Nervennahrungsmittel eine menschliche Eigenschaft: Katzen fressen ›maro‹ [Anm. d. Übers.: *Teucrium marum* L.] und Baldrian, natürlich nicht, um sich zu ernähren, sondern um sich zu berauschen. Frau Loreau, die Übersetzerin von Livingstone, erzählt, dass die Elefanten an manchen Orten gierig nach einer bestimmten Frucht suchen, die sie berauscht, und dass sie diese Trunkenheit sehr zu genießen scheinen. Darwin sah mehrere Male Affen genüsslich rauchen, und Brehm versichert, dass im Nordosten Afrikas die Einheimischen Affen einfangen, indem sie ihnen Gefäße mit Starkbier hinstellen, welches sie betrunken macht« (MANTEGAZZA 1871, I: 174–175).

Bevor ich mich mit bestimmten Drogen nehmenden Tierarten im Einzelnen befasse, seien hier noch einige Definitionen zur komplexen Beziehung zwischen Tier und Droge angeführt.

Ein erstes Problem stellt sich mit der Definition dessen, was überhaupt eine Droge ist. Dies ist bereits in Bezug auf die von Menschen eingenommenen Drogen nicht einfach und wird noch problematischer, betrachtet man die von Tieren konsumierten Drogen. Die Definition dessen, was eine Drogensubstanz ist, hängt aufs engste vom Verhalten ab, das ihr Gebrauch bei Mensch oder Tier auslöst.

Unter den Begriffen von Abhängigkeit und Gewöhnung betrachtet, könnten wir Drogen als Substanzen definieren, die ein Verhalten starker Abhängigkeit auslösen und deren Fehlen eine eindeutige Abstinenzkrise nach sich zieht. Doch dann würde auch das Essen in diese Kategorie fallen, da wir davon ununterbrochen abhängig sind und sein Fehlen eine eindeutige Abstinenzkrise auslöst, den Hunger. Darüber hinaus hat ein beträchtlicher Teil der Substanzen, die der Mensch als Droge benutzt, keine physische Abhängigkeit zur Folge und damit auch keine Abstinenzkrise – wie zum Beispiel die ganze Kategorie der Halluzinogene.

Man könnte die Drogen als jene Substanzen definieren, die auf das Nervensystem wirken; aber selbst in diesem Fall ist die Grenze zwischen Droge, Medizin und Nahrung nicht klar. Verschiedene Substanzen, die in der Nahrung und in den geläufigsten Arzneimitteln enthalten sind, wirken auf das Nervensystem, ohne dass man sich dadurch notwendigerweise so fühlt, als würde man »unter Drogen stehen«.

Schließlich könnte man die Drogen als jene Substanzen definieren, deren Einnahme auffällige, nicht übliche Verhaltensweisen auslöst. Dies würde auf Menschen und Elefanten passen, die Alkohol zu sich nehmen. In der Tat ist bei Tieren in den meisten Fällen gerade die Beobachtung des merkwürdigen Verhaltens, das der Einnahme einer Substanz folgt, maßgebend dafür, dass wir von dieser als von einer Droge sprechen. Doch auch hier sind zahlreiche Substanzen und Verhaltensweisen anzuführen, die nicht in diese Definition passen; es gibt Menschen, die nach LSD-Einnahme ruhig im Sessel sitzen bleiben, lesen, schreiben oder sich einfach nur ihren Gedanken hingeben, ohne Verhaltensweisen zu zeigen, die Dritte zu dem Urteil bewegen könnten, dass sie unter dem Einfluss starker halluzinogener Drogen stehen.

Was also lässt einen Menschen von sich selbst sagen, dass er sich »unter Drogeneinfluss« fühlt? Es ist eine geistige Dimension, die er als von seinem normalen Bewusstseinszustand abweichend ansieht und die durch die Verabreichung bestimmter Substanzen ausgelöst wird, die er und/oder die Gesellschaft als Drogen bewerten. Aber auch diese Definition hat ihre Grenzen. Die meisten Raucher nehmen die geistige Dimension, die ihnen der Tabak erschließt, nicht wahr und erkennen erst dann die Drogenwirkung des Tabaks, wenn sie beginnen, sich ihrer Abhängigkeit von Zigaretten bewusst zu werden. (Häufig wird von »Alkohol und Drogen« oder »Tabak und Drogen« gesprochen und damit die irrtümliche grundlegende Überzeugung betont, dass Alkohol und Tabak eigentlich keine Drogen sind, weil es sich dabei um Substanzen handelt, die von Gesetzes wegen nicht verboten sind!)

Wenn wir unsere Aufmerksamkeit indigenen Volksstämmen zuwenden, finden wir nochmals andere Definitionen und Begriffe der Droge. Für bestimmte Stämme im Amazonasgebiet zum Beispiel sind die Drogen jene Produkte, die von den Weißen eingeführt wurden, wie Alkohol und Zigaretten, während die Schamanen dieser Stämme in Bezug auf die traditionell verwendeten Drogen, an erster Stelle den einheimischen Tabak (*mapacho*), den sie ununterbrochen rauchen, keinen Abhängigkeitsbegriff kennen. Für sie gehört der Tabak zusammen mit dem halluzinogenen Getränk Ayahuasca in die Kategorie der Arzneimittel und der »Nahrung für die Seele«.

Aus all dem kann man ableiten, dass die Definition dessen, was eine Droge ist, vom jeweiligen kulturellen Rahmen abhängt. Ebenso hängt die Wirkung der Drogen vom kulturellen Rahmen ab, in dem mit ihnen

Erfahrungen gemacht werden. Deshalb ist es so schwer, eine allgemein gültige, wissenschaftliche Definition von Droge und Drogenerfahrung zu geben. Möglicherweise rühren diese Schwierigkeiten auch von einer übermäßigen Verallgemeinerung des Drogenbegriffs her, das heißt, dass unter diesem Begriff gezwungenermaßen Verhaltensphänomene vereint werden, die in Wirklichkeit klar voneinander getrennt sind. Es ist noch ein weiter Weg bis zu einer objektiven und wissenschaftlichen Analyse des Phänomens Droge.

Wenn man diese Beobachtungen auf die Tierwelt überträgt, wird verständlich, dass die Sachlage hier noch komplizierter ist, da die Tiere uns ihren Zustand, »unter Drogeneinfluss zu stehen«, nicht mitteilen können und wir ihre Drogenerfahrung aus der Beobachtung ihres Verhaltens oder höchstens noch aus physiologischen und neuropharmakologischen Daten ableiten müssen. Wenn man schließlich davon ausgeht, dass unser Begriff von Drogenerfahrung vom jeweiligen kulturellen Raum abhängt, besteht außerdem die Gefahr, dass die Beobachtung unter Drogen stehender Tiere nicht objektiv ist. Wissenschaftliche Forschung – die ethologische nicht ausgeschlossen – folgt allgemein dem Prinzip, »man findet das, was man sucht«, wobei die Forschung und die Forscher von einem kulturellen und moralischen Umfeld beeinflusst sind, welches das menschliche Verhalten, Drogen zu nehmen, a priori als Erscheinung eines Fehlverhaltens mit geringem erbaulichem Wert deutet. Es ist daher keineswegs verwunderlich, wenn die Erforschung dieses Verhaltens bei Tieren noch in den Kinderschuhen steckt. In dem bei uns herrschenden nicht sehr liberalen kulturellen Umfeld ist es schwierig zu vertreten und anzunehmen, dass das »schmutzige« Verhalten, Drogen zu nehmen, auch in der vermeintlich »reinen«, »unschuldigen« Tierwelt vorkommt. Ein Verhaltensforscher würde damit seiner beruflichen Laufbahn sehr schaden.

Ein zweites Problemfeld betrifft die Intentionalität der Tiere, sich unter Drogen zu setzen. Wir müssen fürs Erste unterscheiden zwischen einer Drogeneinnahme, die vom Menschen beeinflusst oder direkt von ihm initiiert ist, und dem Verhalten von Tieren, die scheinbar ohne menschlichen Einfluss von Natur aus Drogen nehmen.

In den Opiumhöhlen des Fernen Ostens sind auch die Katzen an den Opiumrauch gewöhnt, der die Räume einhüllt, und es ist häufig zu beobachten, dass Katzen sich den Rauchern nähern, um die von diesen ausgeblasenen Rauchschwaden in mehreren Zügen einzuatmen. Dass diese Katzen an das Opium gewöhnt sind, zeigt die Tatsache, dass normale Katzen unter solchen Bedingungen irritiert sind und dem Rauch aus dem Weg gehen, während umgekehrt die Katzen der Opiumhöhlen, wenn man ihnen den gewohnten Opiumrauch entzieht, schwere Abstinenzerscheinungen zeigen, die in manchen Fällen sogar tödlich enden. Sogar die Mäuse, die in der Umgebung der Opiumhöhlen leben, nähern sich – im Allgemeinen ungestört – den Rauchern und stellen sich auf die Hinterbeine, um den Opiumrauch einatmen zu können.

In Afrika nehmen Affen, die in Gefangenschaft in engem Kontakt mit Tabakrauchern leben, die Gewohnheit an, Zigaretten zu rauchen, und spielen verrückt, wenn ihnen diese verwehrt werden – eine Tatsache, die ich selbst mit eigenen Augen beobachten konnte, als ich auf Feldforschung in Gabun war.

In diesen Fällen kann man nicht von einem natürlichen Impuls der Tiere sprechen, Drogen zu nehmen, als vielmehr von einem »vorsätzlichen Verhalten«, das durch das Umfeld des Menschen, in dem die Tiere leben, konditioniert wurde.

Auch in jenen Fällen, in denen der Mensch Tieren im Laboratorium zu Versuchszwecken Drogen verabreicht, kann von keinem natürlichen Impuls gesprochen werden. Die psychopharmakologischen und neurochemischen Fachzeitschriften sind voll von Ergebnissen von Versuchen, in denen den unterschiedlichsten Tieren Kokain, Heroin, Nikotin und tausend andere Drogen verabreicht wurden, um die physische Wirkung und das Verhalten zu studieren. In bestimmten Fällen wurden Tiere darauf abgerichtet, sich die Drogen selbst zu verabreichen, mit dem Ziel, die Mechanismen und Parameter von Gewöhnung, Verträglichkeit und Abstinenzerscheinungen wie auch Instinkte, Emotionen und die soziale Beziehungsfähigkeit unter Drogenwirkung zu erforschen. Bei einem solchen direkt vom Menschen »aufgezwungenen vorsätzlichen Verhalten« handelt es sich ebenso wenig um den Fall, der hier von Interesse ist.

In der vorliegenden Untersuchung interessieren uns allein jene Fälle, in denen die Tiere ein »natürliches vorsätzliches Verhalten« zeigen, Drogen zu nehmen, das heißt, es geht hier um Tiere, die von jeglichem Einfluss des Menschen weit entfernt gewohnheitsmäßig Drogensubstanzen einnehmen.

Wenn man den Einfluss des Menschen ausschließt, muss man zwischen zufälliger und beabsichtigter Einnahme unterscheiden; eine Unterscheidung, die nicht immer sofort einleuchtet. Oftmals neigen Ethologen (Verhaltensforscher) dazu, diejenigen Fälle, bei denen sich Tiere von psychoaktiven Pflanzen ernähren, als zufällig zu deuten. Die Kenntnis von unbestreitbar nicht zufälligen Fällen jedoch sollte in uns den Zweifel aufkommen lassen, ob hinter der vermeintlichen Zufälligkeit, die üblicherweise in weit umfassenderem Sinn der Beziehung zwischen Tieren und psychoaktiven Drogen zugesprochen wird, nicht einfach nur unsere Unkenntnis von intimen und verallgemeinerten Verhaltensweisen in der Tierwelt steht.

Die Deutung der scheinbaren Zufälligkeit wird durch eine Beobachtung gerechtfertigt, für die man keine Erklärung hat, und zwar, dass das Verhalten der Tiere, die Drogen nehmen, in mehreren Fällen Nachteile für die Art birgt, die dem Instinkt nach Erhaltung zuwiderzulaufen scheinen. Die Schwärmer, die sich mit dem Nektar der Daturablüten berauschen, bleiben für eine gewisse Zeit benommen auf dem Boden und riskieren somit, Räubern zum Opfer zu fallen; die kanadischen Karibus, die sich mit dem Fliegenpilz berauschen, entfernen sich von ihren Jungen, die auf diese Weise häufig Wölfen zum Opfer fallen; die amerikanischen Rotkehlchen, die bestimmte Beeren verzehren und sich damit berauschen, fallen zu Boden und werden so häufig überfahren oder eine leichte Beute für Katzen. Auch wenn solche Opfer im Widerspruch zum

Instinkt der Selbsterhaltung stehen, ist damit noch nicht gesagt, dass sie auch im Widerspruch zur Arterhaltung stehen.

Ein Kriterium für die Unterscheidung von zufälligem und absichtsvollem Verhalten ist das der Wiederholung. Wenn wir eine Ziege beobachten, die den Samen des Meskalpilzes frisst, danach zu zittern beginnt, zu Boden fällt und später wieder aufsteht, können wir an eine zufällige Vergiftung mit einer psychoaktiven Substanz denken. Wenn wir jedoch die gleiche Ziege mehrere Male zurückkehren und die Samen fressen sehen, um jedes Mal wieder dieselben Vergiftungssymptome zu zeigen, können wir vermuten, dass dahinter ein absichtsvolles Verhalten steckt und dass die äußeren Symptome – zittern, zu Boden fallen und wieder aufstehen – nur einen und wahrscheinlich den weniger wichtigen Teil der Wirkung darstellen, eines Rausches, den die Ziege erlebt, der sie in irgendeiner Weise anzieht und ihr möglicherweise sogar gefällt. Nach der Einnahme bestimmter Drogen lässt sich auch bei vielen Menschen beobachten, dass sie zittern, sich auf dem Boden ausstrecken und nach einer bestimmten Zeit wieder aufstehen, und dennoch würden wir nicht behaupten, dass das Zittern, Zu-Boden-Fallen und Wiederaufstehen die Hauptwirkung jener Drogen ist.

Welche Art von Drogensubstanzen fressen Tiere? Von dem Wenigen, was wir bis heute wissen, kann gesagt werden, dass es sich ausschließlich um pflanzliche Drogen handelt: Samen, Blütennektar, Blätter, Wurzeln, fermentierte Früchte, Flechten, Pilze usw. In den meisten Fällen haben die pflanzlichen Drogen, die beim Menschen eine berauschende Wirkung aufweisen, auch eine solche auf Tiere; umgekehrt aber gibt es unter den Drogen, die Tiere gezielt zu gebrauchen scheinen, manche, die vom Menschen nicht verwendet werden, die für ihn giftig sind oder deren Wirkung auf den Menschen nicht bekannt ist. Die berauschende Wirkung zahlreicher pflanzlicher Drogen – Kaffee, Tee, Kat, Iboga, Fliegenpilz und andere – wurde vom Menschen überhaupt erst durch die Beobachtung entdeckt, dass Tiere sie als Drogen benutzen.

Dass jene Drogen, die beim Menschen eine Wirkung erzeugen, dies auch bei Tieren tun, zeigt eine Reihe von Versuchen, in denen diese Drogen den unterschiedlichsten Tierarten verabreicht wurden. Sogar die niederen Tierarten halten die Wirkung der Drogen aus. So wurden etwa mit Spinnen Experimente durchgeführt, die berühmt geworden sind. Man verabreichte den Tieren oral geeignete Mengen verschiedener Drogen. Den Spinnen der Gattung *Zilla x notata* Cl. gab man Fliegen zum Verzehr, denen die entsprechenden Drogen verabreicht worden waren; danach wurden die unter dem Einfluss der verschiedenen Drogen gebauten Spinnennetze untersucht. Unter dem Einfluss von LSD waren die Netze ausgefeilt und mit arabesken Formen durchwirkt, während sie unter dem Einfluss von Koffein kantig waren und viele leere Stellen aufwiesen, so dass sie unbrauchbar waren; unter Haschischeinfluss entstandene Netze waren nur teilweise vollständig und brauchbar (Stafford 1979).

In einem anderen Versuch wurden Hornissen (*Vespa orientalis* F.) bestimmte Mengen LSD verabreicht. Etwa zehn Minuten nach der Einnahme dieses starken Halluzinogens war eine Verlangsamung der Bewegungen zu beobachten, dann eine Einstellung jeglicher Aktivität, gefolgt von stereotypen Bewegungen und schließlich lethargischen Zuständen (Floru et al. 1969). Diese veränderten Verhaltensweisen zeigen, auch wenn sie nichts über die Empfindungen der Hornissen aussagen, dass das LSD auf diese Hautflügler eine Wirkung ausübt.

Weitere berühmt gewordene Versuche hat John Lilly mit Delfinen durchgeführt, denen er LSD injizierte. Diese Gattung der Walfische ist bekanntlich sehr intelligent und verfügt über ein komplexes Kommunikationssystem aus Pfiffen und Lauten. Lilly: »Wenn ein zweiter Delfin mit dem ersten, dem LSD injiziert worden ist, zusammengebracht wird, erhöht sich der Lautstärkepegel für rund drei Stunden; mit anderen Worten, es findet ein tatsächlicher Kommunikationsaustausch statt. Das andere Tier antwortet und auch sein Lautstärkepegel erhöht sich. Auch wenn eine Person sich während der LSD-Wirkung ins Becken begibt, erhöht sich der Lautstärkepegel und bleibt in dieser Höhe. Ohne LSD erhöht er sich nur für kurze Zeit.«

Dass LSD eine sozialisierende Wirkung auf Delfine ausübt, wurde auch durch einen Versuch mit einem Delfinmännchen verdeutlicht. Dieses hatte seit zweieinhalb Jahren jeglichen Kontakt mit Menschen verweigert, nachdem es aus Versehen mit einem Unterwassergewehr am Schwanz verletzt worden war. Unter LSD-Einfluss näherte sich der Delfin zum ersten Mal wieder Lilly und seinen Mitarbeitern, und zwar für den Zeitraum, während dem die Wirkung des Halluzinogens andauerte (LILLY 1981: 240).

Selbst unter Tieren, die ausschließlich Fleischfresser sind, kennt man Fälle, in denen Pflanzen gesucht und eingenommen werden, um sich zu berauschen, aber nicht nur aus diesem Grund. Wir wissen von einigen Fällen, in denen Tiere Pflanzen als Medizin benutzen, ein Verhalten, das wahrscheinlich viel weiter verbreitet ist, als wir aufgrund unserer heutigen Kenntnisse annehmen.

Katzen kauen gewöhnlich junge Blätter von bestimmten Gräsern, um zu erbrechen und damit ihren Verdauungsapparat zu reinigen. Die Schimpansen der Art *Pan troglodytes* in Tansania benutzen die Blätter einer *Aspilia*-Art aus der Familie der Asteraceae als medizinisches Mittel. Diese Blätter enthalten Tiarubrin-A, einen stark antibakteriellen, antimykotischen, wurmbekämpfenden Wirkstoff. Sie werden von der Bevölkerung Tansanias von alters her zu diesen medizinischen Zwecken verwendet (RODRIGUEZ et al. 1985). Die Schimpansen pflücken die Blätter »morgens gewöhnlich zuallererst. Die Blätter werden nicht gekaut, sondern im Mund behalten und mit der Zunge gegen die Backen massiert. Wahrscheinlich hat sich diese Technik bei den Schimpansen entwickelt, um die Absorption der aktiven Substanz bei oraler Verabreichung zu erhöhen, da sie, sobald sie in das säurehaltige Milieu des Magens gelangt, unwirksam wird. Wir benutzen ähnliche Methoden, damit empfindliche Heilsubstanzen von den Verdauungssäften aufgenommen werden können (...). Es ist auch ein Fall von einem die Nahrung verweigernden und eindeutig kranken Schimpansen bekannt, der beobachtet wurde, wie er die bitteren Säfte aus den innersten Schichten eines bestimmten Baumes (*Vernonia amygdalina*) schleckte. Vermutlich hatte das kranke Tier gezielt nach dem eigentlich unangenehm schmeckenden Gewächs gesucht, und zwar gerade wegen seiner medizinischen Heilkraft« (McGowan 1999: 331, Newton und Nishida 1991). Die Paviane der Gattung *Papio* essen die Frucht von *Balanites aegyptiaca* wahrscheinlich nicht, um sich davon zu ernähren, als vielmehr um in den Genuss ihrer heilenden Eigenschaften zu kommen. Die Frucht enthält eine erhöhte Menge an Diosgenin, einem wirksamen Steroid gegen Larven von Saugwürmern (ebd.: 332).

Vielleicht wissen wir eines Tages noch viel mehr über Tiere, die Wege finden, sich selbst zu heilen, so wie wir vielleicht mehr über Tiere wissen, die Drogen nehmen. Die Grenze zwischen Medizin und Droge ist in der Welt des Menschen niemals eindeutig – dies beweist die Tatsache, dass alle Drogen auch hoch wirksame Arzneien sind –, und sie ist es genauso wenig in der Welt der Tiere.

In den folgenden Kapiteln werde ich die Befunde von Tieren, die Drogen nehmen, im Einzelnen erläutern. Es sind sämtliche Daten, die ich dazu bis zum heutigen Tag zusammentragen konnte, wobei ich mich hauptsächlich auf die wissenschaftliche Literatur gestützt habe. Mir ist natürlich bewusst, dass diese Fakten nicht erschöpfend sind und dass ein Nachteil meiner Arbeit darin besteht, dass sie vorwiegend auf Sekundärliteratur beruht. Der Grund dafür ist, dass der Gegenstand meiner Untersuchung – das natürliche absichtsvolle Verhalten der Tiere, das als Drogengebrauch interpretiert werden kann – meistens noch unterbewertet oder nicht als solches betrachtet wird. Das Folgende stellt eine erste Zusammenfassung von Fakten dar, einen ersten Schritt in Richtung Akzeptanz eines Phänomens, das sich immer noch etwas schwer tut, sich durchzusetzen. Natürlich ist dies der übliche Prozess, der abläuft, bis eine neue Idee akzeptiert wird: Zuerst verspottet und behindert, öffnet sich in der Folge ein Weg zwischen der geistigen Starrheit und den vorgefassten Erklärungsmodellen, bis die Idee letztlich vollständig als neues Stück in den Schatz der menschlichen Erkenntnisse aufgenommen wird.

Ohne das Werk von Ronald K. Siegel, »Intoxication. Life in Pursuit of Artificial Paradise«, das 1989 in den Vereinigten Staaten erschien (deutsch: »Rausch-Drogen. Sehnsucht nach dem künstlichen Paradies«), wäre ich in dieser Untersuchung nicht weit gekommen. Siegel hat Beobachtungen und Untersuchungen bei Drogen nehmenden Tieren in freier Wildbahn und im Labor gemacht und dazu eine Fülle von Dokumentationen zusammengetragen, auf die ich in der vorliegenden Arbeit immer wieder Bezug nehmen werde.

«*Verrückte*» *Kühe*

Eines der offenkundigsten und herausragendsten Beispiele von Pflanzen, die bei Tieren ein Suchtverhalten auslösen, ist das so genannte *locoweed,* was »verrücktes Kraut«, »verrückte Samen« oder noch besser »Kräuter, die Verrücktheit hervorrufen« bedeutet. Es handelt sich dabei um eine beträchtliche Gruppe (mindestens vierzig Arten) von Wildkräutern, die hauptsächlich der Familie der Leguminosen angehören und für verschiedene Tierarten psychoaktive Wirkung haben. Nach heutigen Erkenntnissen zeigen folgende Tierarten ein Suchtverhalten in Bezug auf *locoweed:* Maultiere, Pferde, Kühe, Schafe, Antilopen, Rinder, Hasen und Hühner.

Die einschlägigsten Fälle von *locoismo* sind vorwiegend in Nordamerika bekannt. Das entsprechende Verhalten scheint zum ersten Mal im Jahre 1873 in Kalifornien bei Pferden und Weidekühen beschrieben worden zu sein. Merkwürdig ist dabei, dass die Tiere, sobald sie das die Trunkenheit hervorrufende Kraut von den zahlreichen anderen Kräutern, die sie fressen, zu unterscheiden gelernt haben, dieses immer wieder von neuem suchen und verzehren. Die Jungen, deren Mütter das »verrückte Kraut« fressen, werden später ihrerseits wiederum nach dieser Pflanze suchen.

Den Tierzüchtern von Kansas ist die durch das »verrückte Kraut« ausgelöste Seuche von 1883 in Erinnerung geblieben. 25 000 Kühe hörten damals fast vollständig auf, das normale Gras zu fressen, und machten sich auf die Suche nach dem »verrückten Kraut«, das weniger nahrhaft, jedoch aus irgendeinem Grund anziehender war. 1938 identifizierte Reko die in Nebraska wachsende Art *Astragalus lamberti* als »locoweed«; *Astragalus molissimus* ist in den weiten Grassteppen zwischen Mexiko und Montana und bis nach Zentralarizona verbreitet. Eine dritte Art, die in der Grassteppe zu finden ist, heißt *Cystium diphysum* (zit. in REKO 1996 [1938]: 186–189). Eine vierte Pflanze wurde als der *Dioon edule* Lindl. aus der Familie der Zamiaceae identifiziert.

Bei einem weiteren »verrückten Kraut«, das von den Mexikanern *garbancillo* genannt wird (*Astragalus amphyoxis* Gray), ist folgende Wirkung zu beobachten:

Die Tiere, die davon gefressen haben, entfernen sich von den anderen und meiden ihre Gesellschaft. Sie fressen praktisch nichts mehr, magern schnell ab und werden bösartig. Versucht man, sie zur Herde zurückzuführen, machen sie sich steif und bewegen sich nur widerwillig, schließlich sperren sie sich ganz dagegen und laufen wieder weg. In anderen Fällen sind Erregungszustände und Wutverhalten festgestellt worden. Ohne ersichtlichen Grund stürzen sie sich muhend und schnaubend auf andere Tiere oder auf Menschen, auch auf solche, mit denen sie täglich Kontakt haben. In kurzer Zeit steigern sich die abnormalen Verhaltensweisen: Die Tiere bewegen sich mit unsicherem, schwerfälligem Gang, schwanken mit dem hinteren Teil ihres Körpers, bleiben mit gespreizten Beinen stehen, wie um besseren Stand zu haben, und schauen mit aufgerissenen Augen starr vor sich hin. Von Zeit zu Zeit werden sie von krampfartigen Zitteranfällen heimgesucht. Solche Zustände haben starke Ähnlichkeit mit so genannten Entzugsymptomen, wie sie bei Alkoholikern oder während Entziehungskuren festgestellt werden. Es gibt auch Fälle, in denen die Tiere in ihrer Benommenheit Hindernisse nicht mehr wahrnehmen, über Stufen oder Absätze stolpern, sich den Kopf an Bäumen oder Telegrafenmasten anschlagen und anderen

Tieren nicht ausweichen. Sobald die Tiere jedoch Anstalten machen, aus der Herde auszubrechen und sich das geliebte Futter zu verschaffen, werden sie sogleich wieder lebendig und voller Tatendrang, so dass nichts auf eine Krankheit schließen lassen würde. Es sind jedoch auch andere Reaktionen zu beobachten: An den Konsum des Krauts gewöhnte Tiere findet man etwa inmitten von Felsen oder unter Bäumen versteckt und sehr erschöpft, den Kopf gerade und unbewegt haltend oder auf die Erde gestützt, mit der Nase nach oben und mit starren, stechenden Augen, in einem Zustand, den man als starke Trunkenheit beschreiben könnte. Ab und zu wird ihr Körper von Muskelkrämpfen erfasst; sie zeigen vereinzelt auch Bewegungen der Augenlider und einen schielenden, nach oben gerichteten Blick. Wie in allen Fällen von Vergiftung atmen die Tiere schwer oder merkwürdig unregelmäßig. Während bei gesunden Rindern die Atmung durch eine tiefe Einatmung mit langen Pausen dazwischen gekennzeichnet ist, zeigt sich unter dem Einfluss von *garbancillo* eine schnelle und angestrengte Einatmung und eine kurze Ausatmung, gefolgt von langen Pausen.

Chachaquila (*Oxytropis lamberti* Pursh.), ein anderes »verrücktes Kraut«, das Rinder gerne fressen, ruft eine besondere Art von Trunkenheit hervor, die von Halluzinationen und Erregungszuständen begleitet scheint. Die Tiere, die die Pflanze bereits kennen, brechen, bevor man es zu verhindern vermag, plötzlich aus der Herde aus und jagen wie verrückt auf die Stellen zu, an denen die Pflanze wächst und die von den erfahrenen Viehtreibern ausdrücklich gemieden werden. Die rasend gewordenen Tiere zu verfolgen nützt nichts, es ist im Gegenteil davon sogar Abstand zu nehmen, da sie in dem Zustand des Entzugs und des Verlangens nach der gewünschten Nahrung leicht einen Abhang hinunterstürzen oder vor einem Verfolger so schnell weglaufen könnten, dass es bei ihnen zu einem Herzstillstand kommen könnte. Wenn man die Tiere von Anfang an daran hindert, sich dem gefährlichen Kraut zu nähern, und darauf achtet, dass sie sich nicht von der Herde entfernen, scheinen die Symptome der Erregung und des Entzugs ohne weitere Folgen abzuklingen, und das »psychische« Gleichgewicht scheint sich wieder herzustellen. Dies allein reicht jedoch nicht aus, um sie von dem »Suchtverhalten« zu heilen. Wenn die Rinder die Pflanze zufällig wieder finden, beginnen sie sofort von neuem, sie gierig zu fressen, fallen in einen Zustand der Trunkenheit und werden in der anschließenden Verdauungsphase ungeduldig und aggressiv (Reko 1996 [1938]: 186–189).

Überraschend ist der Befund, dass sich das *locoweed* auf den Weiden umso mehr verbreitet, bis es schließlich alle anderen Pflanzen verdrängt, je mehr Tiere sich dafür interessieren. Dutzende von Weiden sind von den Tierzüchtern aufgegeben worden, weil auf ihnen zuletzt nur noch das »verrückte Kraut« wuchs. Dieses Phänomen könnte man damit erklären, dass die Samen der Pflanze durch das Vieh unfreiwillig verbreitet werden oder auch durch einen anderen, bisher nicht erkannten ökologischen Faktor.

Trotz der repressiven Maßnahmen, die den Tierzüchtern auferlegt wurden (Ausreißen des Krauts aus den Weiden, Isolierung der Kälber von den »drogenabhängigen« Muttertieren gleich nach der Geburt usw.), ließ sich sowohl die Pflanze wie auch das Verhalten der Tiere, diese zu suchen und zu fressen, nicht ausrotten und stellt bis heute eine der größten Plagen der nordamerikanischen Viehzucht dar.

Eines der Charakteristika des *locoismo* besteht in der Verbissenheit, mit der die Tiere die Pflanze suchen, um sich zu berauschen. Während die Viehzüchter das Kraut aus den Weiden ausreißen, konnte man beobachten, wie Kühe und Pferde die Säcke mit dem gesammelten Kraut rauben, indem sie die Karren umwerfen, auf welche die Säcke gestapelt worden waren.

Von Halluzinationen und unkontrollierten Suchtattacken ergriffen, machen sich Pferde nach dem Verzehr der Blüten und Blätter des *locoweed* auch noch daran, die Wurzeln der Pflanze auszugraben und zu fressen.

Viele Tiere, die nach dem »verrückten Kraut« süchtig sind, sterben nicht an einer Vergiftung durch die Pflanze, sondern weil sie keine andere Nahrung mehr fressen, stark abmagern und nur noch ein einziges Interesse auf Erden zu haben scheinen, nämlich die Sucht nach dem »verrückten Kraut«. In einigen Staaten Nordamerikas sind eigentliche Gemeinschaften gegründet worden, um vom *locoismo* befallene Tiere aufzunehmen, sie von ihrer Drogenabhängigkeit zu heilen und sie wieder in die »Arbeitswelt« einzugliedern, das heißt, sie wieder dazu zu bringen, »gesunde und natürliche« Nahrung zu fressen, damit sie wieder ihr normales Gewicht erlangen und schliesslich ihrem »natürlichen« Ende zugeführt werden können, dem Schlachthof. Vielleicht wird man in den nordamerikanischen Supermärkten schon bald zu Konkurrenzpreisen Fleisch von entgifteten Rindern, Pferden und Schweinen kaufen können ...

Wahrscheinlich ist die weite Verbreitung des *locoismo* durch die intensive Rinderzucht bedingt und damit indirekt vom Menschen beeinflusst. In anderen

Worten könnte das, was wir beobachten, eine paroxystische Form des Drogengebrauchs seitens der Tiere sein, eine Erscheinung, die von der Unnatürlichkeit der starken, von menschlichen Ansprüchen diktierten Massenhaltung dieser Tiere herrührt. Da es keine wild lebenden Kühe und Rinder mehr gibt, ist das Phänomen des *locoismo* in der natürlichen Wildbahn nicht zu beobachten; es bleibt uns lediglich, es bei anderen vierbeinigen, nicht vom Menschen gezüchteten Pflanzenfressern zu entdecken und zu beobachten.

Verschiedene Arten von *locoweed* wirken für den Menschen toxisch, im Wesentlichen neurotoxisch, während die Einnahme einiger anderer Arten beruhigende Wirkung und ein Gefühl des leichten Losgelöstseins von der Umgebung zur Folge hat. Höhere Mengen bewirken Erregungszustände und Halluzinationen (vgl. Siegel 1989: 52–54).

Der *locoismo* der Tiere ist nicht auf Nordamerika beschränkt, sondern findet sich auf allen Kontinenten. In Australien werden die Weidetiere, die sich von der Leguminosenart *Swainsonia galegifolia* R. Br. angezogen fühlen, »Indigofresser« genannt: Die Tiere isolieren sich vom Rest der Herde, scheinen in ihren Halluzinationen zu leben und wollen nur noch dieses Kraut fressen. In Europa ist eines der geläufigsten »verrückten

Kräuter« der Ginster (*Cytisus scoparius* [L.] Link), ebenfalls eine Leguminosenart, die je nach Dosierung beim Menschen psychoaktive oder toxische Wirkung hervorrufen kann. Lewin berichtet in seinen »Phantastika« vom Ginster, dass »bestimmte Schafrassen deutscher Heidegebiete ihn gerne fressen. Deshalb sät man ihn des öfteren auf der Heide und lässt die Schafe langsam über die Anpflanzung ziehen, ohne ihnen zu erlauben, stehen zu bleiben. Manche Tiere fressen ihn gierig und leidenschaftlich und fallen so in einen Zustand der Erregung, dem ein vollständiger Verlust des Bewusstseins folgt. Auf diese Weise werden sie leichter zur Beute von Füchsen oder Krähenschwärmen. Sie werden ›Trunkenbolde‹ genannt» (LEWIN 1981 [1924]: II, 179).

Bestimmte Arten von *locoweeds* gehören zu den Leguminosengattungen *Astragalus, Oxytropis* und *Lathyrus*. In den ersten beiden Gattungen konnte der für den Menschen giftige Wirkstoff Miserotoxin nachgewiesen werden, in der dritten sind neurolatirogene Verbindungen vorhanden. Diese Stoffe sind, davon abgesehen, dass sie bei Tieren paradiesische Rauschzustände hervorzurufen scheinen, für eine Intoxikation des Menschen verantwortlich, die als Neurolatirismus bekannt ist; dieser hat sich früher, in den nicht seltenen Zeiten des Mangels, wie eine Seuche verbreitet, wenn das Mehl beim Brotmachen mit Samen und Hülsen von *Lathyrus* (im Volksmund als Wicke bekannt) gemischt worden war (vgl. CAMPORESI 1980). Weitere Pflanzenarten, die in Amerika *locoismo* hervorriefen, sind: *Croton fruticulosus* Torr. (Euphorbiaceae), *Lobelia cliffordtiana* L. (Lobeliaceae), *Lupinus elegans* H.B.K. (Leguminosae).

In einer in Australien vorkommenden Art des »verrückten Krauts«, *Swainsonia canescens,* ist das Indolalkaloid Swainsonin entdeckt worden, das für die Reaktionen der Tiere verantwortlich scheint. Dasselbe Alkaloid ist zusammen mit seinem Derivat N-Oxyd auch in *Astragalus lentiginosus* vorhanden, dem »verrückten Kraut«, das auf den Weiden des nordamerikanischen Staates Utah wächst (MOLYNEUX und JAMES 1982).

Betrunkene Elefanten

Seit langem weiß man, dass Elefanten eine Leidenschaft für Alkohol haben. In Afrika fressen diese Dickhäuter liebend gerne die Früchte bestimmter Palmenarten (*doum, marula, mgongo, palmira*). Wenn diese Früchte reif sind, gären sie schnell, manche sogar bereits am Baum. Die Elefanten verspeisen die Früchte, die auf den Boden gefallen sind und zu gären begonnen haben; dann rütteln und schlagen sie mit dem Rüssel und dem Körper an den Baum, damit weitere Früchte herabfallen. Beim Vorgang der Gärung bildet sich in den Früchten bis zu 7% Äthylalkohol, und die Bildung von Alkohol setzt sich im Verdauungstrakt des Tieres noch fort. Wenn die Elefanten in der Gruppe auftreten, bewirkt der Wettbewerb untereinander, dass sie in noch kürzerer Zeit eine noch größere Menge an Früchten fressen. Die Elefanten bekommen einen Rausch, und dies scheint alles andere als zufällig zu sein. Sie streben bewusst nach der Wirkung der gärenden Früchte. Während die Herden am Tag normalerweise nicht mehr als etwa zehn Kilometer durch den Wald ziehen, machen sich die erwachsenen männlichen Tiere, sobald die Palmfrüchte (insbesondere jene der Arten von *Borassus*) reif sind, von der Herde los und können an einem Tag Strecken von mehr als dreißig Kilometern zurücklegen, so weit eben, wie die ihnen gut bekannten Orte, wo die besagten Bäume wachsen, entfernt sind.

In ihrer Trunkenheit sind die Elefanten äußerst erregt, sie springen bei ungewohnten Geräuschen oder plötzlichen Bewegungen anderer Tiere oder Menschen auf. Sie ängstigen sich schnell, fühlen sich in die Enge getrieben und werden dadurch aggressiv. Eine Herde betrunkener Elefanten stellt eine ernsthafte Gefahr für den Menschen dar.

Die Elefanten leben in Gruppen mit matriarchaler Hierarchie. Die Jungtiere stecken ihren Rüssel gewohnheitsmäßig in den Mund der Mutter, um von dem, was diese gerade frisst, zu probieren oder zu fressen. Auf diese Weise lernen sie, was essbar ist. Wenn das Muttertier eine gärende Frucht frisst, bekommen folglich auch die Jungen davon einen Rausch und lernen so diesen Zustand kennen. »Diese Information speichert das kleine weibliche Tier, das irgendwann selbst erwachsen und in der Folge Mutter wird. Die Jungtiere lernen wiederum von dieser Mutter, und auf diese Weise etabliert sich eine lokale Tradition. Dieses kollektive Wissen kann über Jahrhunderte von den Herden bewahrt werden, die sich nach und nach aus jener ursprünglichen bilden, vorausgesetzt, dass das Muttertier nicht von Wilddieben erschossen wird, womit die Kette abreißen würde. Auf diese Weise wird die saisonale, alkoholbedingte Lustigkeit zu einem Bestandteil der Verhaltensgewohnheiten der Elefanten« (SIEGEL 1989: 119–120).

Auch die indischen Elefanten in Bengalen und Indonesien fühlen sich von den auf den Boden gefallenen fermentierten Früchten angezogen, insbesondere von der großen Durianfrucht (*Durio zibethinus*), nach der im Übrigen verschiedene Arten von Tieren gezielt suchen: neben den Elefanten auch Affen, Orang-Utangs, Flughunde (eine Fledermausart). Sogar die Tiger von Sumatra, die sonst Fleischfresser sind, schätzen die Frucht sehr; es ist jedoch nicht klar, ob sie durch deren Verzehr einen Rausch bekommen und zu diesem Zweck nach ihr suchen. Den Eingeborenen ist jedoch allgemein bekannt, dass diese Raubkatzen sich wo immer möglich dieser Früchte bemächtigen. Es wird von Fällen erzählt, wo Kinder Früchte pflückten, in Körben ins Dorf trugen und dabei von einem Tiger überfallen wurden, der allerdings, anstelle die Kinder zu töten, sie nur ihrer Ernte beraubte.

Nach dem Genuss der Durian schwanken die Elefanten und fallen lethargisch zu Boden. Affen können ihre Bewegungen nicht mehr koordinieren, haben Mühe, auf die Bäume zu klettern, und wackeln mit dem Kopf. Die Flughunde, die größten Fledermäuse der Welt, verspeisen die fermentierten Durianfrüchte während der Nacht. Der dadurch bewirkte Alkoholrausch stört das komplexe Radarsystem, mit dem diese Tiere ausgestattet sind und mit dessen Hilfe sie sich im Nachtflug orientieren, und sie fallen zu Boden.

Elefanten verhelfen sich nicht nur mittels fermentierter Früchte zu einem Alkoholrausch; sobald sie Alkohol in irgendeiner Form riechen, suchen sie unverzüglich nach der Quelle des Geruchs. Im Jahre 1985 brach in Westbengalen eine Herde von 150 Elefanten in ein geheimes Laboratorium ein, in dem Alkohol hergestellt wurde; die Elefanten tranken riesige Mengen von destilliertem Malz. In ihrer Trunkenheit streiften sie dann im umgebenden Gelände umher, liefen unkontrolliert mal hierhin, mal dorthin und trampelten auf diese Weise fünf Personen zu Tode. Ein weiteres Dutzend Menschen wurden verletzt, sieben aus Ziegelsteinen gemauerte Häuser und einige zwanzig Hütten zerstört. Die Figur des Dumbo aus dem Zeichentrickfilm, des imaginären fliegenden Elefanten, der ab und zu Alkohol trinkt und dann rosafarbene, tanzende Elefanten sieht, ist aus dem Wissen geboren, dass die Dickhäuter sich tatsächlich betrinken.

An Früchten und anderen pflanzlichen Produkten, die der Gärung unterworfen sind, berauschen sich Tiere unterschiedlichster Arten, von Insekten über Vögel bis zu Säugetieren. Zum Beispiel pickt eine in Nordamerika heimische Spechtart, die *sapsucker* («Saftlecker«), mit dem Schnabel Löcher in die Baumstämme, um an den darin enthaltenen Saft zu gelangen. Sobald er einer bestimmten Temperatur ausgesetzt ist, beginnt der Saft zu gären und Alkohol zu produzieren. Der Saft zieht auch verschiedene andere Tiere an – Kolibris, Eichhörnchen und andere »Saftlecker« –, die durch das vom Specht gepickte Loch an den begehrten Trunk gelangen können; der gärende oder gegorene Saft bewirkt bei ihnen dann ebenfalls einen Rausch. Meistens ist die Berührung von Tieren mit Alkohol wohl als zufällig zu betrachten, doch dürfen wir uns auch da, wie schon andernorts beobachtet, nicht so sicher sein, nicht zuletzt, weil wie bereits festgestellt die Wissenschaftler dazu tendieren, natürliche Impulse im Drogengebrauch zu verkennen.

Es scheint so, als ob sich sogar Schnecken vom Alkohol angezogen fühlen. In verschiedenen Gegenden stellen Bauern und Gärtnerinnen tiefe, große Behälter (notfalls taugen dazu auch Blumentöpfe aus Plastik) mit Bier oder Wein in die Gemüsegärten, um so die Schnecken anzulocken und ihre Pflanzungen dadurch von dieser Plage zu befreien. Die Fallen sind für diese Weichtiere absolut geeignet; sie strömen zu Dutzenden zusammen und schichten sich übereinander auf. Auf diese Weise bilden sich ganze Haufen von Schnecken, die scheinbar betrunken und unfähig sind, sich zu bewegen, und daher leicht gefangen und getötet werden können.

Die Bauern in Norditalien wandten eine einfache Methode an, um die Igel in die Nähe ihrer Gemüsegärten zu locken. Igel sind hervorragende Insektenfresser, und ihre Anwesenheit in den Gemüsegärten stellt sicher, dass Kohlgemüse und Salate nicht von Insekten aufgefressen werden. Auch Igel werden von Alkohol angelockt; wenn man von Zeit zu Zeit in die Mitte des Gartens einen Napf mit einer Mischung aus Wasser, Wein und einer Hand voll Larven stellt, kann man davon ausgehen, dass diese kleinen Säugetiere den Gemüsegarten zu ihrer Behausung auserwählen (Celli 1999: 15–16).

Die Drogen der Katzen

Unterschiedlichste Arten von Raubkatzen, von den Tigern bis zu den Hauskatzen, zeigen Anzeichen der Berauschung, wenn sie die Blätter bestimmter Kräuter gefressen oder gekaut haben. Der bekannteste Fall ist die Vorliebe der Katzen für Katzenminze, *Nepeta cataria,* ein gewöhnliches Feldkraut aus der Familie der Lippenblütler (Labiatae, Lamiaceae). Es ist nicht zu verwechseln mit dem so genannten Katzengras, das in Zoogeschäften erhältlich ist. Wenn die Katzen von Letzterem die Stengel kauen, ruft dies bei ihnen Brechreiz hervor, und dadurch reinigen sie ihren Verdauungstrakt.

Getrocknete Blätter von Katzenminze sind, oft in Kissen gefüllt, als »Belebungs- und Verjüngungsmittel« für Hauskatzen im Handel erhältlich. Es ist zu beobachten, dass der Kontakt einer Hauskatze (*Felis domestica*) mit Katzenminze Verhaltensweisen auslöst, die sich in vier aufeinander folgende Phasen gliedern lassen. Zuallererst schnuppert die Katze an der Pflanze (für den menschlichen Geruchssinn verströmen die Blätter einen Duft, der jenem der Minze nahe kommt). Dann leckt sie an den Blättern und kaut sie bisweilen auch. Oft unterbricht sie ihr Tun, schaut mit abwesendem Blick in den Himmel und bewegt dann den Kopf schnell von einer Seite zur anderen. In einem dritten Stadium reibt die Katze Kinn und Wangen und schließlich den ganzen Kopf und den ganzen Körper an der Pflanze. Bei besonders starker Reaktion auf das Kraut versetzen die Katzen der Pflanze leichte Hiebe mit dem Rücken (TODD 1962).

Wenn man einer Katze einen konzentrierten Auszug der Pflanze verabreicht, sind die Reaktionen stärker: Sie verdreht heftig den Kopf, sondert reichlich Speichel ab und zeigt die typischen Symptome einer starken Erregung des zentralen Nervensystems. Außerdem zeigt sie eine sexuelle Erregung: Das männliche Tier hat eine spontane Erektion, das Weibchen legt die typischen Verhaltensweisen der Paarung an den Tag, es miaut und gibt mit seinem Körper jedem beliebigen Gegenstand liebevolle, kleine Schläge. Diese Droge scheint bei Katzen besonders auf den sexuellen Bereich zu wirken und verstärkt bei den Weibchen die typischen Wellenbewegungen bei dem auf die Paarung vorbereitenden Verhalten.

Es wurde die Hypothese vorgebracht, dass die Katzenminze in der evolutionären Entwicklung der Wildkatzen einst als ein natürliches Aphrodisiakum des Frühlings dazu gedient habe, unter ihnen die sexuelle Aktivität zu fördern.

Die Hauskatzen, von denen viele ihr ganzes Leben verbringen, ohne jemals eine Katzenminze gesehen zu haben, verlieren mit der Zeit die Fähigkeit, die Wirkung dieser Droge wahrzunehmen; derzeit reagieren nur noch 50 bis 70% der Katzen im europäischen Raum darauf. Es wurde festgestellt, dass die Reaktion der Katzen auf die Katzenminze von mindestens einem bestimmten Gen abhängt. Werden die Katzen über Generationen von der Pflanze ferngehalten, nimmt für diese Tiere genetisch die Möglichkeit immer mehr ab, auf ihre natürliche Droge zu reagieren (Todd 1962).

Andere Studien, die von G.F. Palen und G.V. Goddard (1966) geleitet wurden, haben zu folgenden Beobachtungen geführt: »Die Katze beginnt sich auf typische Weise mit ihrem ganzen Körper zu rollen, drückt ihr Gesicht gegen den Fußboden, wobei sie das Kinn vor- und zurückreibt und sich immer länger macht, die Pfoten vor sich hinstreckt, die Ohren nach vorne gestellt und die Krallen ausgefahren. Schließlich rollt sie den Kopf und den Körper hin und her. Die Zeitspanne dieser Rollbewegungen ist sehr unterschiedlich, sie können nur ein paar Sekunden oder auch bis zu vier, fünf Minuten andauern und nur einmal oder auch bis zu fünfzehn Mal wiederholt werden. Die Reaktion auf *Nepeta* hängt von Geschlecht und Alter ab.»

Es ist bekannt, dass Katzen, welche die Möglichkeit haben, mit der Pflanze in Berührung zu kommen, diese täglich aufsuchen. Sie sind, wie ethologische Studien zeigen, genauso, wenn nicht sogar »glücklicher« und gesünder als Katzen, denen diese Möglichkeit fehlt.

Ich habe selbst beobachten können, dass die in meinem Garten wachsende Katzenminze täglich von Katzen aufgesucht wird. Obwohl ich selbst keine Katze habe, wird mein Garten häufig von Katzen aus der Umgebung besucht, insbesondere im Frühling, wenn sie rollig sind und die Pflanze ihre stärkste vegetative Kraft entfaltet und ihren minzartigen Duft verströmt. Wenn dann gegen Ende des Frühlings die Pflanze zu blühen beginnt, lässt ihr Duft nach und mit ihm auch die Besuche der Katzen in meinem Garten. Das Exemplar in meinem Garten scheint das einzige in der Gegend zu sein, und seinetwegen ist im Frühling zu bestimmten Zeiten, ganz besonders in den Stunden des späten Nachmittags, mein Garten geradezu von Katzen überfüllt. Sie scheinen die Erfahrungen mit der Pflanze jedoch untereinander nicht gerne zu teilen; sie halten einen bestimmten Abstand ein, wobei jede wartet, bis sie »an der Reihe« ist, so lange also, bis der Bereich um die Pflanze von unerwünschten Kollegen und Kolleginnen frei ist. Unterschiedslos nähern sich ihr Männchen wie Weibchen.

Nepeta cataria wie auch zahlreiche verwandte Arten produzieren flüchtige Terpenoide, die Nepetalactone genannt werden. Diese Inhaltsstoffe sind für die berauschende Wirkung bei den Katzen verantwortlich (auch Tiger verspüren davon eine psychoaktive Wirkung). Sie rufen ebenso im Menschen eine psychoaktive Wirkung hervor, wenn auch von geringerem Ausmaß. Laborversuche haben gezeigt, dass *Nepeta* auch bei anderen Tierarten, darunter Insekten und Mäuse, psychoaktiv wirkt und deren Verhalten verändert. Der wirksamste der von der Pflanze produzierten Inhaltsstoffe ist die Nepetasäure (HARNEY et al. 1974).

Es wurde festgestellt, dass im Urin männlicher Katzen, besonders wenn sie Liebesgefühle zeigen, Pheromone auftreten, die in ihrer Struktur den Nepetalactonen ähnlich sind. Aus diesem Grunde reagieren die Katzen auf die Katzenminze mit sexuellen Verhaltensweisen. Die Katzen, die sich mit dieser Pflanze berauschen, scheinen aber auch wirkliche Halluzinationen zu haben. Man sieht sie sich an Dinge klammern, die nicht da sind, mit »imaginären, in der Luft fliegenden Schmetterlingen« spielen; andere wiederum legen die Ohren nach hinten und stürzen sich auf »unsichtbare Rivalen«; wieder andere zeigen sich ängstlich und fauchen irgendetwas an, das es überhaupt nicht gibt.

Ein weiteres für die Katzen psychoaktiv wirkendes Kraut ist der gewöhnliche Baldrian, *Valeriana officinalis*, eine seit dem Altertum vom Menschen als Sedativum, Antispasmolytikum und leichtes Narkotikum verwendete Medizinalpflanze, die bereits im 19. Jahrhundert als Katzenkraut erwähnt wird. So berichtet der neapolitanische Arzt Raffaele Valieri, dass, »wenn man einen Sack Baldrian auf die Erde streut, die sich dem Baldrian nähernden Katzen eine spannende und unterhaltsame Vorführung darbieten: Sie rollen sich darüber, inhalieren es wiederholte Male und werden schließlich von einem Zittern erfasst, sie stellen die Haare auf, springen unkontrolliert in die Höhe, machen tausend Wunderlichkeiten von ausgelassener, tänzerischer Berauschtheit, verlieren schließlich das Bewusstsein und fallen in Dämmerschlaf, wobei dieser Zustand von Stimulation und Benommenheit für lange Zeit andauert. Dies ist ein Phänomen, das den Symptomen von Zittern, Trunkenheit, Fantasievorstellungen und Benommenheit ähnelt, die das Haschisch hervorruft« (Valieri 1887: 16).

Japanische Katzen kennen eine andere Droge, die zarten Blätter einer Pflanze namens *matatabi*, die den Nepetalactonen verwandte Substanzen produziert. *Matatabi* ruft eine andere Wirkung hervor: Nachdem sie die Blätter gekaut haben, strecken sich die Katzen auf dem Rücken aus, mit den Pfoten nach oben, und verharren für kurze Zeit in dieser Stellung in scheinbarer oder vielleicht wirklicher Ekstase.

Der eigenen, geliebten Katze eine Katzenminze zu besorgen bedeutet, ihr die Möglichkeit zu geben, mit einer uralten Pflanze in Beziehung zu treten und sich nach Belieben mit einer gesunden und natürlichen Droge zu berauschen, ohne Gefahr zu laufen, bei ihr eine chronische Gewöhnung zu bewirken. Die Beziehung der Katzen zu den Katzenkräutern ist saisonal bedingt insbesondere auf den Frühling beschränkt, und die Katzen fallen während der langen Zeitperioden des Jahres, in denen die Pflanzen für sie keine Wirkung haben, auch nicht in eine Abstinenzkrise.

Man tut so viel – manchmal die absurdesten Dinge –, um einen Menschen glücklich zu machen. Und es genügt so wenig, eine kleine Pflanze auf dem Fensterbrett einer Stadtwohnung, um der eigenen Hausmieze eine Freude zu bereiten.

Die wichtigsten Katzenkräuter

Es gibt weltweit zahlreiche Staudenarten, die auf Katzen eine magische Anziehungskraft ausüben. Die in unseren Breiten bekannteste Art ist die bereits erwähnte Katzenminze (*Nepeta cataria* L.), die zur Familie der Lippenblütler (Labiatae) zählt. Die Pflanze ist in Europa und im westlichen Teil Asiens heimisch. In Deutschland, Österreich und der Schweiz wird sie gerne in den Gärten angebaut. In den Hügellandschaften und im Mittelgebirge Norditaliens findet man die Katzenminze wild wachsend entlang von Zäunen, an Böschungen, im Schutt und auf brachliegendem Boden. Weiter südlich ist sie nur noch selten, auf Sizilien und Sardinien überhaupt nicht mehr anzutreffen. Die in der Pflanze enthaltenen ätherischen Öle setzen sich zu 77% aus Nepetalactonen zusammen.

Die verwandte *Nepeta nepetella* L. wächst gewöhnlich an besonnten Stellen auf steinigem, trockenem Boden. Man begegnet ihr im Vorgebirge, in den West- und Seealpen und gelegentlich sogar im Apennin. Auch das Öl von *Nepeta nepetella*, die von Katzen ebenfalls wegen ihrer psychoaktiven Wirkung aufgesucht wird, setzt sich vornehmlich aus Nepetalactonen zusammen.

Baldrian (*Valeriana officinalis* L.) gehört zur gleichnamigen Gattung der Baldriangewächse (Valerianaceae). Wegen ihrer medizinischen Eigenschaften als Beruhigungsmittel wurde und wird diese Pflanze in Europa von der Antike bis heute in Kräutergärten kultiviert. Wild wachsend ist sie hauptsächlich in Wäldern und schattigen Hainen in ganz Europa anzutreffen, von Meereshöhe bis in mittlere Gebirgslagen, vereinzelt sogar in Nordamerika und in den Tropen Südamerikas. Auch die artverwandten *Valeriana celtica* L. («keltischer Nardo« oder »französische Ähre«) und *Valeriana saliunca* All., beide auf steinigen Böden hochalpiner Weiden zu finden, haben auf Katzen mit größter Wahrscheinlichkeit aphrodisische Wirkung.

Ein weiteres bekanntes »Katzenkraut« ist schließlich noch *Teucrium marum* L. (italienisch »maro« genannt, englisch »cat thyme«), das wie die Katzenminze zur Familie der Lippenblütler zählt. Es ist wild wachsend im Mittelmeergebiet auf Korsika, Sardinien und den benachbarten Inseln anzutreffen und hat sich von dort an verschiedenen Orten auf dem italienischen Festland angesiedelt, wo es sich selbst aussät und in den Gemüsegärten angebaut wird. In der Region von Bologna kennt man diese Art unter der Bezeichnung »marùc«; die Pflanze wurde hier noch bis vor kurzem angebaut und dank ihrer psychoaktiven Anziehungskraft als Köder zum Einfangen streunender Katzen verwendet.

Rentiere, die Pilze lieben

Seit langem ist bekannt, dass die in Sibirien heimischen Rentiere eine psychoaktive Droge fressen. Sie verspeisen den halluzinogenen Fliegenpilz, *Amanita muscaria*. Der Fliegenpilz, der schöne Pilz aus dem Märchen mit dem roten, von weißen Tupfern übersäten Hut, ist der halluzinogene Pilz par excellence. Die Ursprünge seines Gebrauchs als Rauschmittel des Menschen verlieren sich im Dunkel der Zeiten; die archäologischen und ethnografischen Daten haben gezeigt, dass diese Praktik in Asien, Europa und Amerika verbreitet war (SAMORINI).

Dieser Pilz wächst unter bestimmten Baumarten, insbesondere Koniferen und Birken. Während des sibirischen Sommers ernähren sich die Rentiere unter anderem von verschiedenen Pilzarten, ihr Lieblingspilz ist jedoch der Fliegenpilz, der in den Birkenwäldern sprießt. Sie gehen buchstäblich auf die Jagd nach diesem auffälligen Pilz und suchen ihn im wahrsten Sinne wegen der Wirkung der Trunkenheit, die er in ihnen hervorruft. Nachdem sie ihn gefressen haben, laufen sie ziellos umher, machen Lärm und isolieren sich von der Herde. Bereits das kleinste Stück dieses Pilzes scheint bei den Rentieren einen beträchtlichen Rausch hervorzurufen; sie verdrehen den Kopf, was bei Tieren, die sich in einem Rauschzustand befinden, eines der am stärksten verbreiteten Phänomene ist.

Es ist bekannt, dass der Urin von Menschen, die vom Fliegenpilz gegessen haben, ebenfalls halluzinogen ist. Unter den sibirischen Völkern herrschte der Brauch, von jenen, die sich mit dem Pilz berauscht hatten, den Urin aufzufangen und zu trinken, um selbst einen Trunkenheitszustand zu erreichen, der angeblich noch stärker war als jener, der durch den Pilz selbst hervorgerufen wurde. Auch die Rentiere sind »verrückt« nach dem Urin von anderen Rentieren oder von Menschen, die den Fliegenpilz gegessen haben. Die sibirischen Völker haben die berauschenden Eigenschaften des Urins überhaupt erst dadurch entdeckt, dass sie das Verhalten der Rentiere beobachteten. Jedesmal wenn die Rentiere den Geruch des Urins in der Nähe wittern, eilen sie herbei und kämpfen miteinander, um die vordersten Plätze um den »goldenen Regen« zu ergattern.

Auch Eichhörnchen und Streifenhörnchen gehen auf die Suche nach dem Pilz und berauschen sich damit – sehr wahrscheinlich, wie wir später noch sehen werden – auf die gleiche Weise wie die Fliegen.

Weitere große Anhänger des Pilzrausches sind die kanadischen Karibus. Diese Tiere bewegen sich auf ihren Wanderungen im Gänsemarsch fort; sobald die Kolonne an einer Ansammlung von Fliegenpilzen vorbeikommt, fressen die erwachsenen weiblichen Tiere davon. In den folgenden ein bis zwei Stunden verlassen diese Karibus dann die Herde und laufen davon, wobei sie ihre Hinterbeine tölpelhaft schütteln und den Kopf verdrehen. Dieses Verhalten geht auf Kosten der Herde, weil die Mütter auf diese Weise ihre Jungen unbeaufsichtigt lassen und Letztere deswegen häufig Opfer von Wölfen werden. Auch die berauschten Muttertiere, die von der Gruppe isoliert sind, fallen manchmal den Wölfen zum Opfer (SIEGEL 1989: 66–67).

Verschiedene Tierarten verspeisen psilocibinhaltige Pilze, meistens die Arten *Psilocybe* und *Panaeolus,* die wegen ihrer halluzinogenen Wirkung begehrten Zauberpilze (vgl. PAGANI 1993).

Siegel berichtet, dass er auf Hawaii und in Mexiko Hunde gesehen hat, die diese Zauberpilze absichtlich mit den Zähnen packten und hinunterschluckten.

Nach ein paar Minuten liefen die Hunde im Kreis, verdrehten den Kopf, winselten und weigerten sich, auf die Befehle ihrer Herrchen zu reagieren (SIEGEL 1989: 68). Es ist nicht klar, ob die Hunde wussten, was mit ihnen nach dem Genuss der Pilze passieren würde. Ein Fall jedoch eines bewussten Gebrauchs dieser Pilze betrifft die Ziegen. Diese Vierbeiner scheinen in der Tierwelt die absolut führende Stellung bezüglich der Leidenschaft für die unterschiedlichsten Drogen einzunehmen.

Im Laufe meiner Studien über die auf Bergwiesen wachsenden halluzinogenen Pilze (siehe zum Beispiel SAMORINI 1993) habe ich selbst verschiedene Male gesehen, mit welcher Gier die Ziegen Pilze der Arten *Psilocybe semilanceata* verspeisen. Einmal wurde ich geradewegs von einem Ziegenbock angegangen, der mir mit seinen mächtigen Hörnern einen Stoß gab, als ich am Boden kauerte und die Pilze sammelte. Er war eines der größten Tiere einer Herde von etwa fünfzig Ziegen, die an mir vorbeizog. Obwohl ich ihre Neugier kenne, hatte ich mich auf ihre Ungefährlichkeit verlassen und weiter Pilze gepflückt. Als ich sah, dass einige der Ziegen stehen geblieben waren und mich beobachteten, lächelte ich sie harmlos an und zeigte ihnen ein Bündel Pilze, das ich gerade gepflückt hatte. Kaum hatte ich dies getan, machte der Ziegenbock einen Satz und stieß mich mit den Hörnern, worauf ich einige Meter den Abhang hinunterpurzelte. Dabei fiel mir die Papiertüte mit den gesammelten Pilzen aus der Hand. Überrascht und erschrocken hielt ich nun Abstand zum Ziegenbock, während dieser zusammen mit anderen Ziegen über die Tüte herfiel und deren Inhalt verschlang. Danach machten sie sich daran, im Gras herumzusuchen, und verschlangen die Pilze, die ich noch nicht gepflückt hatte.

Wie mir daraufhin ein Hirte empfohlen hatte, schwinge ich seither bei der Begegnung mit Ziegen immer meinen Stock in die Höhe, weil dies die einzige Art und Weise ist, sie zum Halten zu bewegen. Wenn ich aber an eine Stelle komme, an der Zauberpilze wachsen und an der sich bereits Ziegen aufhalten, meide ich es, sie zu stören, zum einen aus Respekt vor ihnen, zum anderen aus Angst vor Angriffen von Tieren, die schon unter Pilzeinfluss stehen und daher wilder und gefährlicher sind als im normalen Zustand.

Wenn die Ziegen sich an einer Stelle aufhalten, wo die Zauberpilze wachsen, fressen sie kein Gras oder keine anderen Pilzarten mehr, sondern suchen und verschlingen einzig die begehrten Pilze. Es scheint so, als könnten sie diese wiedererkennen und als suchten sie sie gezielt wegen ihrer psychoaktiven Wirkung. Die Ziegen, die diesen Pilz verspeisen, zeigen eine gesteigerte Erregung, laufen tölpelhaft herum und bewegen den Kopf heftig von der einen Seite zur anderen.

Ziegen und ihre Stimulanzien

In Äthiopien berichtet eine Erzählung, wie man aus der Beobachtung des merkwürdigen Verhaltens von Ziegen, die von den Früchten des Kaffeestrauchs (*Coffea arabica*) gefressen hatten, die aufputschenden Eigenschaften des Kaffees entdeckte: Der Hirte Kaldi bemerkte einst, dass seine Ziegen sich plötzlich merkwürdig verhielten. An heißen Tagen sprangen die auf den äthiopischen Hochebenen weidenden Tiere gewöhnlich auf Felsen, kletterten unzugängliche Hänge hinauf und stiegen sich windende Abhänge hinunter. Bei Sonnenuntergang schliefen sie dann, indem sie mit ausgestreckten Beinen dalagen. In jener Nacht jedoch sprangen sie unkontrolliert herum, meckerten, liefen einander hinterher, und ihre Augen bewegten sich in alle Richtungen. Kaldi bemerkte, dass die Ziegen nur Halt machten, um die roten Früchte eines bestimmten Strauchs zu knabbern, woraufhin sie dann wieder im

Mondlicht herumsprangen. Ziegen verhalten sich oft merkwürdig und gelten deshalb als kapriziös und unberechenbar. Kaldi jedoch hatte niemals zuvor beobachtet, wie sie sich jener Pflanze näherten. Er wusste, dass sie gewöhnlich die Blätter fraßen, aber in diesem Fall fraßen sie die Früchte, ein Sachverhalt, der ihn neugierig werden ließ und ihn dazu veranlasste, diese Früchte selbst zu kosten. Auf diese Weise entdeckte er den Kaffee und seine stimulierende Wirkung.

Diese überlieferte volkstümliche Erzählung hat einen wahren Kern, und zwar die Neigung der Ziegen, absichtlich von den Früchten der Kaffeepflanze zu knabbern, um sich damit aufzuputschen. Heute werden die Tiere durch den Menschen daran gehindert, der gut darauf achtet, dass die Kaffeeplantagen nicht von den Hausziegen heimgesucht und zerstört werden. Und da Wildziegen und wilde Kaffeepflanzen so gut wie vollständig verschwunden sind, ist auch die Beobachtung der Suche dieser Tiere nach der Droge Kaffee selten geworden.

Ebenfalls in Äthiopien und in Jemen sind die Ziegen verrückt nach Kat (*Catha edulis* Forssk. aus der Familie der Celastraceae), einer Pflanze mit euphorisch aufputschenden Eigenschaften. Millionen von Menschen, die in jenen Gebieten leben, kauen täglich Kat.

Die Eigenschaften dieses Strauchs – »Blume des Paradieses« genannt – wurden vom Menschen ebenfalls durch den intimen Kontakt mit den Ziegenherden entdeckt. Nach einer Erzählung aus Jemen heißt es, dass der legendäre Hirte Awzulkernayien eines Tages bemerkte, dass sich eine der Ziegen von der Herde entfernt hatte. Schließlich sah er, wie sie die Herde später wieder einholte, wobei sie ungewöhnlich schnell lief. Dies trug sich mehrere Tage so zu, bis der Hirte seiner Neugier nachgab, dem Tier folgte und beobachtete, dass jene Ziege sich von den anderen entfernte, um die Blätter und Sprösslinge des Katstrauchs abzuknabbern. Er kostete daraufhin selbst davon und entdeckte ihre euphorisierenden Eigenschaften; seit jenem Tag kaute er Kat.

Wer Kat anbaut, weiss nur zu gut, dass eine Ziege, die sich in den Kopf gesetzt hat, die »Blume des Paradieses« zu suchen und von ihr zu naschen, nichts mehr von anderen Pflanzen wissen will und jeden, der es wagt, ihr dieses »Paradies« streitig zu machen, mit Stößen der Hörner und mit Tritten versieht.

Die Meskalbohne oder Rote Bohne – der Samen der zu den Leguminosen (Schmetterlingsblütlern) gehörenden Art *Sophora secundiflora* (Ort.) Lag. ex DC. – ist ein bekanntes Halluzinogen, das in Nordamerika seit Urzeiten von den Indianern der großen Ebenen in ihren religiösen Zeremonien verwendet wird. Es ist eine sehr gefährliche Droge, deren unsachgemäßer Gebrauch beim Menschen ohne weiteres zum Tod führen kann. Bis zu einem gewissen Grad wurde die Meskalbohne durch den ungefährlicheren, ebenfalls Visionen erzeugenden Peyotekaktus ersetzt. Archäologische Funde haben gezeigt, dass der Gebrauch dieser Droge bis 9000 vor Christus zurückgeht. Die einheimischen Stämme entdeckten die berauschenden Eigenschaften der Pflanze durch die Beobachtung des merkwürdigen Verhaltens der Tiere, die davon gefressen hatten.

Siegel berichtet, dass er sich eines Tages eine Herde Ziegen von einer Farm borgte und sie in der Nähe von Meskalbohnensträuchern weiden ließ. Dabei beobachtete er, dass einige Ziegen immer wieder dasselbe taten: Sie fraßen von der Pflanze und ihren Blättern, zitterten, fielen zu Boden, standen wieder auf und kehrten später zurück, um die Pflanzen von neuem abzuweiden. Unter der sengenden Hitze von Texas verbrachten sie den ganzen Tag damit, immer wieder zu Boden zu fallen und wieder aufzustehen, ohne übrigens weitere Vergiftungssymptome zu zeigen. Als es Abend wurde und die Ziegen in ihr Gehege zurückgebracht wurden, sonderten sich jene, die sich mit den Blättern des Meskalbohnenstrauchs berauscht hatten, von den anderen ab. In der Zwischenzeit hatten sich, wie Siegel weiter berichtet, seine Lastpferde den Sträuchern der Meskalbohne genähert und weideten sie ab. Er versuchte, sie wegzuscheuchen, sie bäumten sich jedoch auf und schlugen aus. Irgendwann gelang es ihm schließlich, alle an einem Baum festzubinden bis auf eines, das auf einen nahe gelegenen Hügel lief, wo es die ganze Nacht über blieb, herumlief und ununterbrochen mit dem Kopf wackelte. Bei Morgendämmerung fand Siegel das Tier von neuem bei den Sträuchern vor, von denen es nicht wegzubringen war; dabei zeigte es weiterhin Symptome von Trunkenheit (SIEGEL 1989: 55–56).

Berauschte Vögel

Unter den Vögeln kennt man bei amerikanischen Rotkehlchen den Fall eines kollektiven »Rauschs«, der alljährlich im Februar bei ihrer Wanderung in die warmen Gebiete Kaliforniens zu beobachten ist. Die ersten Hinweise darauf stammen aus den dreißiger Jahren.

Wenn die Schwärme von Tausenden von Rotkehlchen Kalifornien erreichen, lassen sie sich auf die kleinen Bäume nieder, die im Volksmund *California holly* («kalifornische Stechpalme«) heißen. In jener Jahreszeit sind die Bäumchen voller zarter Früchte, den so genannten *Christmas berries* («Weihnachtsbeeren«). Die indianischen Volksstämme der Region nennen die scharlachroten Früchte *toyon*. Die Rotkehlchen und andere Vogelarten schlucken begierig diese Früchte, die für sie zweifellos berauschende Wirkung haben. Ungefähr drei Wochen lang kann in der Gegend eine wahrhafte Ausgelassenheit beobachtet werden; die Vögel verlieren die

Orientierung und scheinen wirr, sie verstricken sich untereinander in alberne Spiele, flattern herum und fliegen in Autos und Häuser hinein.

Siegel, der das Phänomen aufmerksam studiert hat, hält fest, dass vier oder fünf der Früchte für die Vögel als Mahlzeit ausreichen würden; in Wirklichkeit fressen sie aber bis zu dreißig. Es scheint daher eindeutig zu sein, dass das Ziel dieser Schlemmerei über den einfachen Zweck der Ernährung hinausgeht. Die Vögel scheinen die berauschende Wirkung einer starken Dosis der Früchte zu kennen und zu beabsichtigen.

Nachfolgend einige Stellen aus dem Bericht von Siegel, der die Ankunft eines Schwarms von ungefähr dreitausend Rotkehlchen beschrieben hat: »Wenn die Schlemmerei einen gewissen Punkt erreicht hat, kann man beobachten, wie Vögel von den Ästen fallen. Vier von ihnen taumeln auf dem Boden herum, unfähig zu fliegen. Nach einer Viertelstunde zähle ich ungefähr zwanzig, die sich in jenem Zustand befinden. Viele von ihnen haben Früchte im Schnabel, die sie nicht mehr hinunterschlucken können, da die Speiseröhre und der Magen davon bereits voll sind. Ich beobachte ein Rotkehlchen, wie es eine Frucht aus dem Schnabel eines Kollegen raubt. Manche Vögel, die unkoordiniert in geringer Höhe über den Boden fliegen, kollidieren mit

Autos, die auf der Straße fahren. Andere wieder fallen auf mich herab. Ich hebe ein paar tote Rotkehlchen auf, die von den Autos angefahren wurden. Bei der Autopsie stellte ich fest, dass ihr Verdauungsapparat voller Früchte war. Weder der Mageninhalt noch die Früchte wiesen einen Gärungsprozess auf, weshalb der berauschende Wirkstoff nicht Alkohol sein kann. Es handelt sich wahrscheinlich um eine Substanz in den Früchten« (SIEGEL 1989: 58–59).

Es scheint bei den Rotkehlchen und anderen Vögeln, die sich mit den Früchten des *toyon* berauschen, keine Fälle von Überdosierung zu geben. Die einzigen Todesfälle – im Übrigen statistisch kaum signifikant – sind durch die Gegenwart des Menschen, durch Autos und Fenster und sein böswilliges Verhalten verschuldet. In der lokalen Presse, die beinahe jedes Jahr dem bizarren Verhalten der wandernden Rotkehlchen ein paar kurze Meldungen widmet, spricht man oft von »Selbstmorden« der Vögel, die sich auf ein Auto oder einen Menschen stürzen, was eine entschieden falsche Interpretation ist.

In der gleichen Gegend berauschen sich die Vögel auch mit Früchten eines anderen Strauchs aus der Gattung *Pyracantha*, einer Rosenart, die im Volksmund *firethorn* genannt wird. In diesem Fall verhalten sich die Vögel, als wären sie geflügelte Clowns: Sie fliegen, fallen und flattern auf irrwitzige und komische Art und Weise herum, als wären sie außer sich. Man sieht einige zitternd und mit schief ausgebreiteten Flügeln am Boden im Schmutz liegen, sehr zur Freude der Katzen in den Hinterhöfen. Andere schwanken auf die Fensterbretter und picken nach ihrem Bild, das sich im Fensterglas spiegelt. Da der *firethorn* oft um Häuser und entlang von Straßen gepflanzt wird, sind Kollisionen von Vögeln mit Fenstern und Autos nach dem Genuss der Früchte dieses Strauchs häufiger als nach dem Genuss der *toyon*-Früchte.

Die Rinde des *toyon*-Baums wurde von den kalifornischen Indianerstämmen traditionell zum Gerben verwendet, während seine Früchte geröstet und gegessen wurden; auch ein berauschender Most wurde daraus gewonnen. Welche Substanzen in der zarten Frucht des *toyon* für die berauschende Wirkung bei den Vögeln verantwortlich sind, weiß man noch nicht. Es sind einige Fälle von deliriumartigen und visionären Erfahrungen von Menschen nach Einnahme von reichlichen Mengen *toyon*-Most bekannt. Als Ursache der Wirkung wurde ein psychoaktives Saponin angenommen, da ein anderer Fall von kollektivem Rausch bei Vögeln bekannt ist, und zwar nach Einnahme der Tartaren-

Heckenkirsche, wobei hier ein Saponin den Rausch bewirkt. Dieser Strauch asiatischen Ursprungs, botanisch *Lonicera tatarica* aus der Familie der Geißblattgewächse (Caprifoliaceae), wird entlang der Ostküste der Vereinigten Staaten großräumig als Schmuckpflanze angepflanzt. Von allen Vögeln fühlen sich offensichtlich die Rotkehlchen am meisten von den berauschenden Beeren dieser Pflanze angezogen. J. Grinnell (1926) beobachtete das Verhalten dieser Vögel in seinem Garten: »Dutzende von Rotkehlchen befanden sich auf den Sträuchern und auf dem Boden um die Sträucher herum. Sie schienen zahm und benommen zu sein. Einige lagen mit schief ausgebreiteten Flügeln am Boden im Schmutz. Mir gefiel es nicht, dass dieser Umstand es unserer Katze ungewöhnlich leicht machte, die Vögel zu fangen. Sie schien genau zu wissen, dass sie, wann immer sie nur wünschte, einen von ihnen fangen konnte.« Dieses Verhalten der Vogelwelt zeigt sich hauptsächlich im Juni, wenn die Beeren der Tartaren-Heckenkirsche reifen.

W. H. Bergtold (1930) fügte diesen Beobachtungen hinzu: »Es wurden bei diesen Vögel alle Stadien der Trunkenheit beobachtet, von einer leichten körperlichen Instabilität bis zu einem bestimmten Grad an mangelhafter Koordination, der ausreichte, dass sie auf den Boden fielen. Es schien so, als ob einige Vögel furchtlos wurden und vielleicht sogar ein wenig angriffslustig, da sie die neugierigen Passanten und Zuschauer nicht fürchteten.« Bergtold fand es merkwürdig, dass diese Vögel nicht gelernt hatten, die Beeren zu meiden, und er erkannte, dass dadurch die Annahme, dass sich kein Tier von etwas ernähre, was für es schädlich sei, erschüttert wurde.

Siegel hatte die Gelegenheit, unter Vögeln ein Verhalten zu beobachten, das etwas Faszinierendes und Romantisches hat. Er beobachtete ein Seidenschwanzpärchen, das sich mit den Beeren des *firethorn* berauschte: »Trotz des Rufs, dass ihr Federkleid immer glänzt und nie unordentlich ist, schienen diese zwei Seidenschwänze zerzaust und angeheitert zu sein. Sie waren noch immer dabei, sich in einem ziemlich originellen Liebesspiel zu versuchen. Das Männchen rupfte sich die Federn und wendete den Kopf zum Weibchen hin, das ihn darin nachahmte. Schließlich reichte das Männchen ihm eine Beere des *firethorn* zum ›Geschenk‹. Er reichte sie seiner Partnerin wiederum über die Spitze seines Schnabels; sie nahm sie entgegen und bot sie schließlich wieder dem Männchen an. Die Beere wurde angeboten, entgegengenommen und wieder zurückgereicht, und dies mehrere Male hintereinander, bis einer der beiden

Vögel sie schließlich hinunterschluckte. Alles in allem sind Liebe und Rauschsucht oftmals zwei Seiten derselben Medaille oder für die Vögel derselben Beere …« (SIEGEL 1989: 60).

Der Ornithologe David McKelvey hat drei Jahre lang die rosa Taube (*Columba meyeri*) studiert, einen Vogel, der auf Mauritius heimisch und vom Aussterben bedroht ist, obwohl er in seiner Evolutionsgeschichte niemals natürliche Feinde hatte. Der Forscher kam zu dem Schluss, dass die rosa Taube sich in engstem Kontakt mit drei verschiedenen psychoaktiven Pflanzen befindet: einer Art von *Aphloeia*, die von den Einheimischen *fandamon* genannt wird, einer Art von *Stillingia* aus der Familie der Euphorbiaceae, *fangam* genannt, und einer *Lantana*-Art. Die rosa Tauben ernähren sich von den Beeren dieser Pflanzen und berauschen sich damit. Im Zustand der Trunkenheit sind sie nicht mehr fähig, irgendetwas zu tun, und drehen sich stupid auf dem Boden herum. Als die Engländer auf Mauritius die Manguste einführten, wurden die Tauben von diesem Fleischfresser stark dezimiert, der es wohl kaum glauben konnte, eine derartige Menge an Federwild vorzufinden, das unfähig war wegzufliegen. Aus den Ergebnissen der Studien von McKelvey geht hervor, dass es für die rosa Tauben scheinbar ein physiologisches

Bedürfnis ist, diese psychoaktiven Beeren zu fressen; deshalb können diese Vögel auch nicht gut in Gefangenschaft gehalten werden, vor allem dann nicht, wenn man sie von ihren pflanzlichen Drogen entfernt (siehe hierzu Kennedy 1987: 256).

Bestimmte Vogelarten sind gierig nach den Samen des Schlafmohns und stellen eine bekannte Plage für Mohnpflanzungen dar.

Es wurden Spatzen beobachtet, die in Speicher eingedrungen sind, um die Samen des Hanfs zu picken. Diese besondere Nahrung scheint die Vögel in einen Zustand der Erregung zu versetzen und sie zu stimulieren. In der Tat lieben es zahlreiche Vogelarten, sich von Hanfsamen zu ernähren, wobei in verschiedenen Gebieten der Welt angenommen wird, dass sich dadurch ihr Verhalten verändert: Zum Beispiel sollen sie inbrünstiger und länger singen und mehr zu Liebesspielen neigen. Die Züchter von Papageien fügen der Nahrung ihrer Tiere einen bestimmten Anteil an Hanfsamen bei, um sie »gesprächiger« zu machen. Heute noch tun die Züchter von Kanarienvögeln im Gebiet um Bologna dasselbe, um diese Vögel zum Singen zu bringen.

Weitere Tiere

Im steinigen Gebirge von Kanada setzt sich das Dickhornschaf den größten Gefahren aus, steigt durch tiefe Schluchten und über scharfe Felsen, um die Orte zu erreichen, an denen eine Flechte wächst, deren Nährwert zu unbedeutend ist, um aus diesem Grund derart ausdauernd gesucht und gierig verzehrt zu werden. Die gelbgrünliche Flechte wächst auf felsigen Flächen. Einzelne Schafe verlassen gewöhnlich ihre Weidegenossen, um sich auf die Suche nach der Flechte zu begeben, und fressen diese dann in großen Mengen. Dabei verhalten sie sich so hartnäckig, dass durch das Abkratzen der Felsen ihre Zähne stumpf werden, wenn sie nicht sogar die ganzen Vorderzähne einbüßen. Die Erklärung dafür liefert die einheimische Indianerbevölkerung, die die Wirkung jener Flechtenart entdeckt hat: Sie ist für Mensch und Schaf narkotisch.

Paviane suchen und fressen die rote Frucht eines Baumes der Familie der Cycadaceae, und sie tun dies nicht nur in Zeiten des Mangels, das heißt nicht nur dann, wenn sie nichts anderes zu fressen finden. Nachdem sie von dieser Frucht gefressen haben, scheinen sie wie betrunken zu sein, sie wackeln herum, sind unfähig, sich schnell vorwärts zu bewegen, und können für den Menschen so zur leichten Beute werden. Es sind bei den Pavianen noch nie Todesfälle beobachtet worden, die mit dem Gebrauch dieser Frucht in Zusammenhang stehen, wohl aber beim Menschen, für den sie giftig ist. Die Frucht scheint bei den Pavianen, die in Bezug auf die giftige Wirkung wahrscheinlich eine biologische Toleranz entwickelt haben, ein irgendwie angenehmes Gefühl oder einen euphorischen Zustand hervorzurufen (Marais 1940).

Die Koalas Australiens ernähren sich ausschließlich von frischen Eukalyptusblättern, ein Sachverhalt, der den Aborigines und den Zoowärtern auf der ganzen Welt bekannt ist. Ebenso bekannt ist, dass diese ihre ausschließliche Nahrung narkotisch-entspannende Wirkung auf sie hat. Deshalb glauben die Aborigines auch, dass die Koalas nach den Blättern des Eukalyptus süchtig sind. Wir stehen hier einem auf zweifache Weise extremen Fall von Drogengebrauch durch Tiere gegenüber, der von allen Mitgliedern der betreffenden Art praktiziert wird und in dem Nahrung und Droge identisch sind.

Die Fähigkeit zur Anpassung und Gewöhnung an die Eukalyptusblätter scheint nicht in den Genen der Koalas angelegt zu sein, sondern bildet sich in den ersten Lebensmonaten durch das Stillen und die Aufzucht der Mütter. Ein Hinweis darauf war, dass man Koalas, die als Neugeborene von ihren Müttern getrennt wurden, an eine andere Nahrung (Kuhmilch, Brot und Honig) gewöhnen und damit aufziehen konnte.

In einigen Fällen erwarb sich der Mensch das Wissen über die psychoaktiven Eigenschaften einzelner Pflanzen durch die Beobachtung bestimmter Verhaltensweisen derjenigen Tiere, die diese Pflanzen gewöhnlich als Rauschmittel einnehmen. Die Eingeborenen in den Wäldern Gabuns und des Kongos behaupten, dass sie einst vor langer Zeit die Wildschweine dabei beobachteten, wie sie die halluzinogenen Wurzeln der Iboga (*Tabernanthe iboga* Baill. aus der Familie der Apocynaceae oder Hundsgiftgewächse) aus der Erde scharrten und fraßen. Die Wildschweine reagieren darauf mit krampfartigen Zuständen, springen ziellos umher und zeigen

Reaktionen von Angst und halluzinogenen Zuständen. Auch die Stachelschweine und Gorillas setzen sich gewollt dieser Wirkung aus. Durch die Beobachtung dieser Tiere kamen die Eingeborenen darauf, sie nachzuahmen, und entdeckten auf diese Weise die visionären Eigenschaften der Pflanze.

Im Laufe meiner Forschungen in Gabun, wo ich mich dem Studium des Gebrauchs von Iboga im religiösen Kult des Bwiti bei den Fang, Mitsogho, Apindji und anderen im äquatorialafrikanischen Dschungel lebenden Bantustämmen widmete, bestätigten meine Informanten mir viele Male, dass verschiedene Tierarten Iboga fressen, um sich zu berauschen. Ein Mitsogho-Schamane (*nganga*) berichtete vom Gebrauch der Iboga unter männlichen Mandrillaffen. Die Mandrille leben in großen Gemeinschaftsverbänden, die hierarchisch streng gegliedert sind. An der Spitze der hierarchischen Leiter steht ein männliches Oberhaupt, dem andere, starke Männchen unterstehen, welchen dann die schwächsten Männchen untergeordnet sind. Wenn ein Mandrillmännchen einen Kampf mit einem anderen Männchen führen muss, um ein Weibchen zu erobern oder um einen höheren Grad auf der hierarchischen Leiter zu erlangen, stürzt es sich nicht gleich in den Kampf. Es begibt sich erst auf die Suche nach einer

Ibogapflanze, reißt sie aus der Erde und frisst die Wurzel; dann wartet es, bis sich die Wirkung eingestellt hat (was ein bis zwei Stunden dauern kann), und greift erst dann das andere Männchen an, gegen das es kämpfen muss. Die Tatsache, dass der Mandrill vor dem Angriff wartet, bis sich die Wirkung der Iboga eingestellt hat, zeigt, dass er einen höheren Grad an Wissen und Bewusstsein davon haben muss, was er tut.

Der Kavastrauch (*Piper methysticum* Forster aus der Familie der Piperaceae oder Pfeffergewächse) ist auf den melanesischen und polynesischen Inseln weit verbreitet. Aus seinen Wurzeln stellen die Einheimischen ein berauschendes Getränk her, das heute noch von einem guten Teil der Bevölkerung getrunken wird.

Verschiedene Erzählungen darüber, wie der Mensch ursprünglich von diesem Rauschmittel Kenntnis erhielt, mythologisieren seine Entdeckung durch die Beobachtung der merkwürdigen Beziehung, welche die Mäuse (der Gattung *Rattus exculans* Peaple) zu Kava-Kava pflegen. In einer Erzählung von den Neuhybriden soll ein Mann mehrere Male beobachtet haben, wie eine Maus, die an der Wurzel des Kavastrauchs genagt hatte, starb und wenig später wieder lebendig wurde. So beschloss der Mann, die Wirkung der Wurzel an sich selbst auszuprobieren, und auf diese Weise entstand die Tradition des Kavagebrauchs. In der Tat scheinen Mäuse, aber auch Schweine in den Pflanzungen die Kavawurzeln abzunagen und bekommen davon einen Rausch (SAMORINI 1995a: 102).

Marihuanabauern können davon berichten, wie gierig Tiere nach der *Cannabis*-Pflanze sind. Auf Hawaii fressen Kühe und Pferde begierig von ihren Blüten und bewegen sich nach dem Genuss eine Zeit lang leicht schwankend fort.

Auch machen die Marihuanabauern auf Hawaii für die Plünderungen von frisch gepflücktem Hanf in den Lagerschuppen die Mangusten verantwortlich, weil man in den Mägen dieser Tiere häufig Samen dieser Pflanze findet. Diese Behauptung überraschte Ronald K. Siegel, da die Mangusten Fleischfresser sind, die unter bestimmten Bedingungen sogar dazu übergehen, ihre Artgenossen zu töten und zu fressen. Um die Funde von Hanfsamen in ihren Mägen aufzuklären, liess er in den Hanfspeichern Fernsehkameras installieren. Auf diese Weise entdeckte er, dass die wahren nächtlichen Besucher jener Speicher die Mäuse waren, die Jagd auf die Hanfsamen machten. Manche Mäuse schienen davon benommen, bewegten sich deshalb langsam und versäumten, sich bei Sonnenaufgang in ihren Höhlen zu verstecken. Die Mangusten, die diese Wehrlosigkeit im Verhalten der Mäuse entdeckt hatten, streiften bei Morgendämmerung um die Hanfspeicher herum, wo sie die Mäuse mühelos fangen und verspeisen konnten. Die Hanfsamen, die man in den Mägen der Mangusten gefunden hatte, waren folglich jene, welche die Nagetiere verspeist hatten (SIEGEL 1989: 153–154).

In Osteuropa begeben sich oft Lämmer in die Hanffelder, fressen die Pflanzen ab und werden davon »lustig und verrückt«. In den fünfziger Jahren berichtete ein Tierarzt über einen Fall in Griechenland, in dem ein Lamm sich immer wieder mit *Cannabis* berauschte und dennoch eine normale Entwicklung und Gewichtszunahme zeigte (CARDASSIS 1951: 973). In Nordamerika dringen Hirsche in die Marihuanaplantagen ein, und in Südamerika sind es die Affen, die häufig Streifzüge dorthin unternehmen.

Vor einigen Jahren wurden in Kalifornien Präriehasen beobachtet, die in Gemüsegärten eindrangen, in denen psychoaktive Kaktusse der Art *Astrophytum myriostigma* gepflanzt worden waren. Die Hasen nagten die Kaktusse ab und schienen danach wie »betrunken« zu sein. Nachdem sie sich erholt hatten, kehrten sie wieder zurück, um von neuem die Kaktusse abzunagen und sich zu berauschen (aus: »The Entheogen Review«, 7[3]: 73, 1998).

Mäuse fressen von der Prunkwinde, *Ipomoea violacea* L. aus der Familie der Convolvulaceae oder Windengewächse, die über der Erde befindlichen Teile und die Früchte und vermeiden es im Allgemeinen, die Samen hinunterzuschlucken, die erhöhte Konzentrationen an psychoaktiven Ergolinen aufweisen. Diese Samen waren im Altertum vom Menschen wegen ihrer halluzinogenen Wirkung begehrt und sind es auch heute noch. Bisweilen konnten Mäuse beobachtet werden, die einen Samen hinunterschluckten, dies vor allem unter ganz bestimmten meteorologischen Bedingungen, und dadurch einen Rausch bekamen, was sich in Verdrehungen und Verrenkungen des Kopfes äußerte.

Eines Tages beobachtete Siegel auf Hawaii, wie ein in einem Garten aufgezogenes Mangustenpärchen seine gewohnte Nahrung von Fleisch, Eiern und Früchten beiseite ließ und sich die Samen einer *Ipomoea*-Art einverleibte, die in jenem Garten wuchs. Die Tiere verdrehten daraufhin die Köpfe und liefen im Kreis; schließlich rührten sie sich für mehrere Stunden nicht mehr. In den darauf folgenden Monaten ließen sie die

Samen jener Pflanze links liegen. Als jedoch einer der Mangusten starb, ging sein Kamerad wieder dazu über, Samen der *Ipomoea* zu fressen und sich damit zu berauschen. In mexikanischen Stammesgesellschaften ist bekanntermaßen eine der Gelegenheiten, bei denen die Samen der *Ipomoea* gegessen werden, wenn sich Personen über eine belastende Phase der Trauer hinwegtrösten müssen. Vielleicht tat es jene Manguste aus dem gleichen Grund (SIEGEL 1989: 72).

Insekten

Auf den vorangehenden Seiten wurden schon einige Fälle vorgestellt, in denen Tiere niederer Arten, besonders Insekten und Mollusken, Drogen nehmen. Dass man den Drogengebrauch auch bei niederen Arten antrifft, ist ein Sachverhalt, der viele Ethologen und Biologen irritiert, insofern als die Verschiedenheit zwischen den niederen und den höheren Arten, auch was die Struktur und Komplexität des zentralen Nervensystems anbelangt, allgemein als sehr groß betrachtet wird.

Einige Arten von Schwärmern – kleine Nachtschmetterlinge – haben im Laufe der Evolution einen langen »Rüssel« entwickelt, um den Nektar aus den Blüten von verschiedenen *Datura*-Arten zu saugen; diese Pflanzen aus der Familie der Nachtschattengewächse (Solanaceae) haben bekanntermaßen für den Menschen halluzinogene Wirkung. In Arizona ernährt sich der

Schwärmer *Manduca quinquemaculata* vom Nektar der *Datura meteloides* und trägt damit zur Bestäubung von deren Blüten bei. Erst nach zahlreichen Beobachtungen haben einige Forscher bemerkt, dass die Schwärmer, nachdem sie den Nektar der Blüten eingesaugt hatten, wie betrunken schienen. Die Beobachtung dieses Verhaltens war den Forschern zuvor entgangen, möglicherweise weil sich alles nachts abspielt, wenn die *Datura* ihre Blütenkrone öffnet, oder weil die Botaniker und Entomologen, die nachts auf dem Feld bei den *Datura*-Pflanzen Posten bezogen, im Allgemeinen an der Identifizierung der bestäubenden Insekten und an ihrem Fang, während sie sich in den Blüten aufhalten, interessiert sind und weniger an ihrem weiteren Verhalten. Wenn man sie nach dem Einsaugen des Nektars von einigen Blüten beobachtet, »scheinen sie nicht mehr gut in den Blüten landen zu können, verfehlen häufig ihr Ziel und fallen auf die Blätter oder auf den Boden. Sie wirken langsam und unbeholfen, wenn sie sich wieder aufrichten wollen. Wenn sie wieder fliegen, machen sie falsche Bewegungen, als wären sie konfus. Den Schwärmern scheint diese Wirkung jedoch zu gefallen, denn sie kehren zurück, um den Nektar jener Blüten von neuem einzusaugen» (GRANT und GRANT 1983: 281). Sehr wahrscheinlich enthält der Nektar der *Datura* dieselben psychoaktiven Alkaloide, die in anderen Teilen der Pflanze vorhanden sind und die von den Menschen als Halluzinogen verwendet werden. Dieselben Autoren haben die Vermutung aufgestellt, dass dieser berauschende Nektar für die Schwärmer eine Art Belohnung dafür darstellt, dass sie die Blüten bestäuben. Das Verhalten der Schwärmer kann sich für sie selbst als äußerst gefährlich erweisen: Dadurch dass sie nur schon für kurze Zeit benommen auf dem Boden liegen bleiben oder in verlangsamtem Tempo fliegen, erhöht sich die Wahrscheinlichkeit, Opfer gieriger Jäger – Insekten, Reptilien und Amphibien der Nacht – zu werden, die in Erwartung einer leicht zu fangenden Beute gelernt haben, unter den *Datura*-Pflanzen bereit zu stehen. Es scheint so, als würde sich etwas Ähnliches auch bei bestimmten Bienenarten abspielen, die in Amerika die tropischen Orchideenblüten aufsuchen. Die Blüten von *Catasetum, Cycnoches, Stanhopea* und *Gongora* bieten keine Nahrung, sondern einen flüssigen Duftstoff. Die Bienen der Gattungen *Eulaema, Euplusia* und *Euglossa* schneiden die Blütenteile ein. Der Saft, der aus der eingeritzten Oberfläche austritt, wird von den Bienen mit den Vorderbeinen aufgenommen. Die Bienen, die immer wieder zu den betreffenden Pflanzen zurückkehren, zeigen in der Folge unbeholfene Bewegungen, was als Resultat einer Betäubung interpretiert wurde (Dodson 1962). Andere Bienenarten scheinen berauscht, nachdem sie den Nektar von Blüten bestimmter Doldengewächse (Umbelliferae/Apiceae) eingesaugt haben. Wahrscheinlich ist diese besondere Beziehung zwischen Insekten und den Blüten von Pflanzen, welche ihre Bestäubung mit einer »Droge« entgelten, viel weiter verbreitet, als bis heute beobachtet wurde.

Der Chemiker Paul Lindner (1923), ein Experte auf dem Gebiet der Fermentation, wies darauf hin, dass die Larven des roten Weidenbohrers (*Cossus cossus*), Hirschkäfer und Eichhörnchen gierig den von den Eichen abgesonderten Pflanzensaft aufnehmen und durch dieses natürliche »Bier« einen Rausch bekommen. Lennig schreibt diesbezüglich: »Die Hirschkäfer beginnen zuerst zu lärmen, fallen dann torkelnd vom Baum, versuchen, sich unbeholfen wieder ein wenig auf das eine und das andere Bein aufzurichten, purzeln jedesmal wieder zu Boden und überwinden schließlich schlafend ihren Rausch« (Reko 1996 [1938]: 1820).

Ein eigentlicher »Trunkenbold« ist auch ein weiteres Insekt, ein wunderschöner, großer Schmetterling, der volkstümlich *jasio* oder Nymphe des Erdbeerbaums genannt wird. Es handelt sich um den Schmetterling *Charaxes jasius*, der auch in Italien, auf dem

Conero, der Halbinsel nördlich von Ancona, und in der Maremma in der Nachbarschaft von Erdbeerbaumwäldern lebt. Er ist mit »Schwänzen« an den Flügeln ausgestattet, und der Körper weist silberne seitliche Streifen auf. Dieser Schmetterling bevorzugt alles, was gärt und Alkohol produziert, besonders auf die Erde gefallene faulende Früchte. Zu seiner Beobachtung stellen die Entomologen an Orten, wo er vorkommt, Gläser mit ein wenig Bier oder Wein darin auf. Nach kurzer Zeit sieht man ihn, vom Alkoholgeruch angelockt, herbeifliegen und sich auf den Saft stürzen, indem er den Rüssel (eine Art röhrenförmige Zunge, die zusammengerollt im Mund gehalten wird und ausgerollt zum Saugen dient) hineintaucht. Dass der *jasio* durch das alkoholische Getränk berauscht wird, ist an dem darauf folgenden »schwankenden« und verlangsamten Flug erkennbar (DELFINI 1998).

In der Welt der Insekten gibt es schließlich noch jene Fälle, in denen Insekten andere geradezu dazu benützen, für ihre eigenen Zwecke in großem Umfang eine berauschende Droge zu produzieren. Eine Anzahl von Ameisenarten nimmt in ihrem Bau Käfer auf, versorgt und pflegt sie. Dafür stellen die Käfer in ihrem Hinterleib eine Flüssigkeit her und erlauben den Ameisen, diese zu trinken. Die Flüssigkeit wird durch zwei borstenartige Haarbüschel abgesondert. Die Ameisen werden von der berauschenden Wirkung dieser Flüssigkeit offensichtlich überwältigt, verlieren zeitweise die Orientierung, werden unsicher in der Fortbewegung, torkeln und verlieren das Gleichgewicht. Dies konnten Ameisenkundler mittels moderner Beobachtungsinstrumente kürzlich feststellen. Im Falle der gelben Ameise, *Lasius flavus,* und des Käfers *Lomechusa* scheinen die Arbeiterameisen unter dem Einfluss der berauschenden Flüssigkeit das Interesse für ihre häuslichen Aufgaben völlig zu verlieren und widmen sich lange ausschließlich dem Trinken der flüssigen Absonderung der Käfer. Die Ameisen ziehen auch die Larven der Käfer auf, indem sie diese in die Brutkammern ihrer eigenen Larven aufnehmen. Wenn sie bei drohender Gefahr die Larven schnell an einen sichereren Platz schaffen müssen, bringen sie die Larven der Käfer vor ihren eigenen in Sicherheit. Nicht selten können Fälle beobachtet werden, in denen in einem einzelnen Ameisenhaufen Hunderte von Käfern Unterschlupf finden, eine Tatsache, die in kurzer Zeit zu einer geringeren Produktivität und einer ruinösen Schrumpfung der gesamten Kolonie führen kann. In der Tat »kann die exzessive Einnahme des berauschenden Produkts der Käfer in der Kolonie eine derartige Manie verursachen, dass die weiblichen Larven der Ameisen davon einen Schaden davontragen und häufiger zu unfähigen (sterilen) Exemplaren heranwachsen als zu vollständigen Königinnen« (SIEGEL 1989: 73).

Fliegen und Fliegenpilz: Eine neue Hypothese

Das Verhalten der Schwärmer gegenüber den *Datura*-Blüten hat mich veranlasst, das merkwürdige Verhalten der gemeinen Hausfliege (*Musca domestica*) gegenüber dem Fliegenpilz (*Amanita muscaria*) neu zu bewerten (SAMORINI 1999). Der Name dieses Pilzes ist in verschiedenen Sprachen von der Bezeichnung der Fliege abgeleitet, da es allgemein bekannt ist, dass diese Insekten sich von den Pilzhüten angezogen fühlen und in der Folge »auf der Stelle tot« sind. So lautet denn auch ein anderer gebräuchlicher Name für diesen Pilz »Amanita Fliegentöter«, und im vergangenen Jahrhundert legte man Fliegenpilzhüte als eine Art natürliches Insektizid auf die Fensterbretter. Eine weit verbreitete Methode war, den Hut zu zerquetschen und ein wenig Zucker und Milch hinzuzufügen; dies zog eine noch größere Menge Fliegen an und führte dazu, dass sie noch mehr von der giftigen Substanz aufnahmen. Scheinbar starben manche Fliegen an den Folgen einer »Überdosis«.

Die Fliegen, die »Opfer« der Berührung mit dem Fliegenpilz werden, scheinen tot zu sein; sie nehmen die dafür typische Haltung mit gekrümmten, nach oben gestreckten Beinen ein. In Wirklichkeit sind sie jedoch nicht tot, und wenn man sie dort lässt, wo sie sind, und nach einer Stunde oder einem Tag nachsieht, wird man überrascht sein, sie nicht mehr vorzufinden: Sie sind weggeflogen. Dennoch entzieht sich der Tatbestand, dass sie wieder aufwachen und davonfliegen, im Allgemeinen der Beobachtung, weil die vermeintlich toten Fliegen gewöhnlich entfernt werden oder weil man anstelle jener, die wieder aufgewacht und davongeflogen sind, andere sieht – von den ersten nicht zu unterscheiden –, die sich nach ihnen ebenfalls mit dem Pilz vergiftet oder berauscht haben. Aus diesem Grund behauptet der Volksglaube, dass der Fliegenpilz die Fliegen tödlich vergiftet. Doch bereits in den vergangenen Jahrhunderten gab es Mykologen und Entomologen, die bemerkt hatten, dass die Fliegen durch die Berührung mit dem Pilz nicht getötet werden, sondern vielmehr in einen lethargischen Zustand fallen, und für die Verwendung des Pilzes als Insektizid rieten, die Insekten einzusammeln und ins Feuer zu werfen (siehe zum Beispiel PAULET 1793 und CORDIER 1870: 94).

Bei aufmerksamer Beobachtung kann man sehen, wie sich die Fliegen auf die Oberhaut des Pilzhutes setzen und dessen Oberfläche ablecken. Nach kurzer Zeit – zwischen fünf und zwanzig Minuten – beginnt ein Teil der Fliegen Vergiftungssymptome zu zeigen: Ihr Flug wird unkoordiniert, sie hören auf herumzuschwirren, die Bewegungen werden langsamer, die Beine zittern, die Flügel beben, und zu guter Letzt drehen sie sich auf den Rücken oder auf die Seite mit den Beinen in der Luft und werden vollkommen starr. Berührt man sie mit einem Bleistift, reagieren manche und bewegen die Beine, während andere davon unbeeindruckt in ihrer Haltung verharren. Unter dem Vergrößerungsglas ist eine peristaltische Bewegung ihres Körpers wahrzunehmen, die zeigt, dass sie nicht tot sind. Nach einer Zeitspanne, die von dreißig Minuten bis zu fünfzig Stunden variieren kann, wachen die Fliegen wieder auf, nehmen in kurzer Zeit wieder ihre normalen Aktivitäten auf und fliegen davon, wie wenn nichts gewesen wäre.

Nicht alle Fliegen, die sich auf die Oberfläche des Pilzes setzen, zeigen entsprechende Wirkungen; möglicherweise hängt es von der Zeitdauer ab, während der das Insekt dem giftigen oder besser berauschenden

Wirkstoff ausgesetzt ist, so wie sie wahrscheinlich auch unterschiedliche Grade der Berauschung aufweisen, die sich in einem von gesteigerter Raserei der Flugbewegungen bis zur vollständigen Katalepsie reichenden Verhalten äußern können.

In der zweiten Hälfte der sechziger Jahre des letzten Jahrhunderts führten einige Mitarbeiter des großen französischen Mykologen Roger Heim – er war einer der Gründerväter der modernen Ethnomykologie und ein Pionier der Erforschung halluzinogener Pilze – im Museum für Naturgeschichte in Paris, dessen Direktor Heim war, eine Reihe von Experimenten zur Beziehung zwischen der Hausfliege und dem Fliegenpilz durch (BAZANTÉ 1965, 1966; LOCQUIN-LINARD 1965–1967). Ihre Untersuchungen waren lediglich darauf angelegt zu bestimmen, wie giftig dieser Pilz für die Fliegen ist, wobei diese Experimente wenig aussagen über die Beziehung zwischen diesen beiden Lebensformen unter natürlichen Bedingungen. In der Tat stellten die Wissenschaftler äußerst künstliche Bedingungen her, indem sie eine bestimmte Anzahl von Fliegen in einem engen Gehäuse über eine gewisse Dauer dem direkten und anhaltenden Kontakt mit dem Fliegenpilz aussetzten beziehungsweise seinen in einem flüssigen Konzentrat enthaltenen Wirkstoffen. Als Resultat erhielten sie eine hohe Sterberate an vergifteten Insekten. Dies kann zwei verschiedene Ursachen haben: Das Fliegensterben ist entweder auf die spezielle Versuchsanordnung zurückzuführen, welche die Fliegen einer »Überdosis« aussetzte, oder aber darauf, dass die Fliegen – wie die Forscher selbst vermuteten – an dem durch den produzierten Kohlendioxid erstickten.

Im Verlauf dieser Experimente stellte man außerdem fest, dass die wirksamen Substanzen des Fliegenpilzes eher auf das zentrale Nervensystem als auf den Muskelapparat der Insekten wirken. Zudem erwies sich, dass die Fliegen auch von den Sporen des Fliegenpilzes Vergiftungserscheinungen aufwiesen, wie auch von denen des Pantherpilzes (*Amanita pantherina*), einer mit dem Fliegenpilz verwandten Pilzart, die aufgrund ähnlich wirkender Inhaltsstoffe eine vergleichbare halluzinogene Wirkung auf den Menschen besitzt. Andere Forscher (BOWDEN et al. 1965) haben gezeigt, dass das Erwachen der Fliegen mit einer Wiederaufnahme der Bewegung einhergeht, und zwar zuerst der Beine und dann der Flügel.

Der wirksamste Teil des Pilzes ist die gelblich gefärbte Schicht direkt unter der roten Haut des Hutes, genau dort, wo sich die größte Konzentration an Isoxazolalkaloiden (insbesondere Ibotensäure) befindet, welche die halluzinogenen Wirkstoffe für den Menschen sind. Einst hatte man angenommen, dass der für die Fliegen (und auch für den Menschen) toxische Wirkstoff das Muscarin wäre; als man dies aber überprüfte, indem man Insekten reines Muscarin zu fressen gab, zeigte sich bei ihnen keine Wirkung. Dagegen konnte inzwischen deutlich gezeigt werden, dass die Fliegen auf dieselben Alkaloide reagieren, die auch den Menschen berauschen.

Dem merkwürdigen Verhalten der Fliegen muss dennoch ein Motiv zugrunde liegen, das nicht vom Zufall bestimmt ist. Es kann nicht sein, dass sich die Fliegen seit je nur rein zufällig vom Fliegenpilz angezogen fühlen und sich damit berauschen, ohne im Normalfall zu sterben. An dieser Stelle sei nochmals an den philosophischen Grundsatz erinnert, dass der Zufall oder besser das, was wir für einen Zufall halten, meistens nichts anderes ist als ein Maßstab unserer Ignoranz; wenn wir in den Ereignissen, die wir beobachten, keine kausalen Verknüpfungen erkennen können, neigen wir dazu, diese Ereignisse durch das Konzept der Zufälligkeit zu erklären.

Ich wage somit, eine neue Hypothese zu formulieren, welche die Beziehung zwischen dem Fliegenpilz und den Fliegen in der Natur betrifft, dies übrigens auch im Lichte der Erkenntnisse, die ich in diesem Buch von anderen Tieren, einschließlich Insekten, die Drogen nehmen, zusammengetragen habe: Danach handelt es sich nicht um eine zufällige Vergiftung von unvorsichtigen Fliegen, die sich aus irgendwelchen Gründen vom Fliegenpilz angezogen fühlen – eine Vergiftung, die im Übrigen ziemlich unerklärlich wäre, denn man müsste sie einem evolutionären »Fehler« im Verhalten dieser Insekten zuschreiben. Wir haben es hier vielmehr mit einer intentionalen Handlung der Fliegen zu tun. Sie machen die Erfahrung, dass sie durch den Fliegenpilz berauscht werden, was an das Verhalten der Schwärmer gegenüber der *Datura*-Blüte erinnert: Die Fliegen setzen sich mit dem Fliegenpilz unter Drogen.

In der Natur, in einer nicht erzwungenen Beziehung zwischen den Fliegen und ihrer Droge, fallen nicht alle Insekten, die sich auf dem Pilz niederlassen und ihn ablecken, in eine Starre, das heißt werden davon stimuliert. Der Mensch, der *Cannabis* raucht, verspürt die Wirkungen in physisch wie psychisch abgestufter Weise: von einer geistigen und teils physischen Erregung (dem so genannten *High*) zu ekstatischen und visionären Geisteszuständen, die mit einer zunehmend tieferen physischen Ruhe einhergehen, bis zur totalen Unbeweglichkeit, die einige Stunden andauern kann. Diese

Variabilität der Wirkung hängt zum Teil von der eingenommen Dosis ab, jedoch nicht ausschließlich: Die Unterschiede hängen auch davon ab, dass jeder Mensch auf *Cannabis* unterschiedlich stark reagiert und sich in der Beziehung zu dieser Substanz auf einem anderen Entwicklungsstand befindet. Auf die Fliegen bezogen ist es also wahrscheinlich, dass das, was bisher von ihrer Beziehung zum Fliegenpilz beobachtet wurde, lediglich ein extremer, schwerer Erregungszustand ist, derjenige also, der am offensichtlichsten ist, falls es nicht sogar der einzige ist, der für uns augenscheinlich werden kann. Vielleicht erleben jedoch auch jene Fliegen, die mit dem Pilz in Berührung kommen und davon nicht in eine Starre fallen, verschiedene Zustände der Trunkenheit.

Morgan hat eine kleine Fruchtfliege (*Drosophila*) unter der Wirkung einer »Leckportion« eines Fliegenpilzes beobachtet: »Beim Versuch wegzufliegen ist sie in spiralförmigen Bewegungen auf den Tisch gefallen, auf dem die Pilze lagen. Sie hat sich mindestens eine Minute lang nicht mehr bewegt, als wäre sie tot; danach hat sie sich wieder erholt und ist weggeflogen« (Morgan 1995: 102). Es ist also wahrscheinlich, dass nicht nur für die gemeine Fliege, sondern für eine ganze Gruppe von Insekten, insbesondere für Insekten des

Unterholzes, der Fliegenpilz ein Paradies darstellt, das alles andere als künstlich ist.

Mehr noch: Mit der neuen Hypothese, nach der die Fliegen sich mit dem Fliegenpilz unter Drogen setzen, könnte man in ökologischen Begriffen die jahrtausendealte und universale Symbolbeziehung zwischen dem Fliegenpilz und der Kröte erklären. In verschiedenen Gebieten Eurasiens wird der Fliegenpilz volkstümlich »Krötenhocker« (der *toadstool* der Engländer) genannt. Die Interpretation, der die meisten modernen Ethnomykologen anhängen, bezieht sich auf eine semantische Assoziation, die sich auf die Giftigkeit beider, der Kröte wie des Pilzes, gründet. Ramsbottom weist auf den Glauben hin, dass die Pilze »von den giftigen Substanzen der Erde und vom Gift der Kröten gebildet werden und immer an Orten wachsen, an denen sich die Kröten niederlassen, und dass sie diesen Tieren wiederum Schutz gewähren« (RAMSBOTTOM 1953: 3).

Wir wissen noch wenig von der engen Beziehung zwischen den verschiedenen Arten von Lebewesen in der Natur. Dies zeigt zum Beispiel die kürzliche Entdeckung der merkwürdigen Beziehung zwischen den Schwärmern und den *Datura*-Blüten.

Im Laufe meiner Begegnungen mit dem Fliegenpilz in den Gebirgswäldern habe ich nur ein paar Mal in der Nähe dieses Pilzes Kröten (der Art *Bufo bufo*) vorgefunden. Ich muss jedoch eingestehen, dass ich sie niemals in den großen Gebieten des Unterholzes gesucht habe, die mit Fliegenpilzen nur so übersät sind, noch mich während der Zeit der Fruchtbildung dieses Pilzes dort längere Zeit aufgehalten habe; in dieser Zeit kann der Pilz auf einer Fläche, die das Unterholz von einigen Dutzend Bäumen bedeckt, leicht mehr als hundert Fruchtkörper produzieren.

Die Kröten ernähren sich von Larven und Insekten, die sich langsam bewegen; es gelingt ihnen nur mit Mühe, die schnellen Fliegen zu schnappen, außer diese bewegen sich aus irgendeinem Grund – zum Beispiel weil sie verletzt oder berauscht sind – langsamer als gewöhnlich.

Es ist nun also möglich, die folgende Hypothese zu formulieren: Die Fliegen werden vom Fliegenpilz angelockt und verlangsamen, wenn sie sich mit diesem berauscht haben, ihre Bewegungen, bis sie schließlich in Starre fallen; aus dieser Beobachtung könnten die Kröten gelernt haben, sich, wenn sie auf einen dieser Pilze stoßen, in seiner Nähe aufzuhalten, auf der Suche nach leichter Beute, etwa genauso wie die Jäger der Nachtschwärmer gelernt haben, diesen unter den *Datura*-Büschen aufzulauern.

Warum nehmen Tiere und Menschen Drogen?

In einer Schrift von 1890 mit dem Titel »Warum nehmen Menschen Drogen?» erklärte der russische Autor Lev Tolstoj das menschliche Verhalten, Drogen zu nehmen, als Mittel, vor sich selbst zu fliehen: »Es ist nicht Geschmack noch Vergnügen, noch ist es Zerstreuung oder Freude, was die universale Verbreitung von Haschisch, Opium, Wein und Tabak erklärt, sondern es ist einzig und allein das Bedürfnis, die Erkenntnisse, die uns das Bewusstsein vermittelt, zu vernebeln» (TOLSTOJ 1988: 41–42).

Diese Art von Erklärung war das Streitross der fanatischsten Prohibitionisten. Obwohl es sicherlich Menschen gibt, die im Wein die eigenen Erinnerungen ertränken und sich mit den unterschiedlichsten Drogen berauschen, um der Realität zu entfliehen, weiß man heute, dass die Motivation, psychoaktive Substanzen zu verwenden, von weitaus komplexerer Natur ist und mit dem universalen Phänomen veränderter Bewusstseinszustände zusammenhängt.

Der Gebrauch von Drogen ist wie zahlreiche andere Verhaltensweisen des Menschen auch von dem Streben nach Vergnügen bestimmt, hinter dem sich nicht jenes »Bedürfnis, Erkenntnisse zu vernebeln«, verbirgt, das von Tolstoj angeführt wurde; das Streben nach Vergnügen ist ein Verhaltenscharakteristikum, das der ganzen Menschheit innewohnt und dessen Übertreibung im Einzelfall pathologische Züge annehmen kann. Vertreter einer moralisierenden Haltung neigen dazu, das Streben nach Vergnügen mit dessen pathologischen Formen zu identifizieren, auf dieselbe Weise, wie sie das Phänomen des Drogengebrauchs mit dem »Problem Droge« gleichsetzen.

Es gibt eine Neigung im Menschen, mit Hilfe unterschiedlichster Methoden zu versuchen, den eigenen normalen Bewusstseinszustand zu verändern, um Erfahrungen in anderen Bewusstseinszuständen zu durchleben. Dieses atavistische menschliche Verhalten kann als eine »Verhaltenskonstante« betrachtet werden. Sie ist ein Impuls, der sich in jeder menschlichen Gesellschaft manifestiert, ohne Unterscheidung von Rasse und Kultur: Es ist ein transkulturelles Verhalten (SAMORINI 1995a).

Die Veränderung des Bewusstseinszustandes, die Gegenstand einer eigenen Wissenschaft ist (vgl. TART 1977), wird, außer dass sie spontan auftritt, durch ein breites Spektrum von Techniken eingeleitet, die der Mensch im Laufe seiner Geschichte nach und nach entdeckt und ausgearbeitet hat. Von den Verfahren der sensorischen Deprivation und physischer Kasteiung über Techniken der Meditation und Askese bis hin zu jenen, die als Katalysatoren für Trance und Besessenheit verwendet werden, wie dem Tanz und dem Klang bestimmter Musikinstrumente; schließlich gehören dazu auch, und dies gewiss nicht in der Reihenfolge ihrer Bedeutsamkeit, die Techniken, die den Gebrauch von pflanzlichen Drogen mit psychoaktiver Wirkung vorsehen.

Letztere gehören zu den ältesten Techniken der Bewusstseinsveränderung. Archäologische Funde zeigen, dass sie bereits in der Steinzeit praktiziert worden waren. Man könnte also davon ausgehen, dass sie in jener archaischen Periode der Menschheitsgeschichte ihren Ursprung haben. In Wirklichkeit müssen wir aus der Tatsache, dass wir ihre Existenz auch bei den Tieren entdeckt haben, folgern, dass sie, bevor sie bei den Menschen auftreten, zuerst bei den Tieren vorhanden waren. Drogennehmen ist ein Verhalten, das sich durch die ganze Evolutionsgeschichte der Tiere, von den Insekten bis zu den Säugetieren, bis zum Menschen hindurchzieht.

Heute haben wir von der Geschichte der Drogen und der engen Beziehung zwischen ihrem Gebrauch und der geistigen, religiösen und spirituellen Sphäre des Menschen, einer Beziehung, die immer bestanden hatte und weiter bestehen wird, eine umfassendere Kenntnis als Tolstoj. Die Wissenschaft von den Drogen hat sich im 19. Jahrhundert entwickelt; einer ihrer Gründerväter, der Italiener Paolo Mantegazza, ein Zeitgenosse Tolstojs, der jedoch über ein weitaus größeres Wissen bezüglich des Phänomens verfügte als der russische Schriftsteller, hatte die Universalität und Unabwendbarkeit dieses menschlichen Verhaltens erkannt und darüber hinaus auch die Wichtigkeit, es wissenschaftlich zu erforschen. »Es wird nicht mehr lange dauern, und dies wird eine große Wissenschaft sein«, schrieb er in seiner umfangreichen Abhandlung über die Drogen und fügte noch hinzu: »Die Ästhetik der Nervennahrungsmittel wird unendlich und unermüdlich wachsen, bis unser Planet vom Menschen eine Pflanze haben wird, die ihn zertrampelt« (MANTEGAZZA 1871, II: 680; vgl. SAMORINI 1995b).

Auf der Suche nach der Motivation, die den Menschen dazu treibt, Drogen zu nehmen, beobachtete

Tolstoj einzig und allein das, was eine Degeneration dieses menschlichen Verhaltens zu sein scheint und die Frucht der modernen Gesellschaft und ihrer Konflikte ist. Drogen zu nehmen, um der Wirklichkeit und dem eigenen Bewusstsein zu entfliehen, stellt nicht die Regel, sondern die Ausnahme dar, deren Verbreitung von den Neurosen der modernen Gesellschaft abhängt.

Geschichtlich besteht das fundamentale Motiv und der grundlegende Gebrauch von Drogen darin, ein tieferes Verständnis von der Wirklichkeit zu erlangen, und nicht, ihr zu entfliehen. Zahlreiche Kulturen der Menschheit haben die als heilig angesehene Droge in den Mittelpunkt ihres religiösen Systems gestellt und zum Kernpunkt ihres Systems zur Erklärung der verschiedenen Aspekte der Wirklichkeit und des Lebens gemacht. Die Drogen, die unter geeigneten Bedingungen von *set* und *setting* oder anders ausgedrückt unter geeigneten räumlich-atmosphärischen und psychologischen Bedingungen verwendet werden, ermöglichen Erfahrungen von tief greifenden emotionalen Zuständen, die intuitiver, erleuchtender und enthüllender Natur sein können. Die Ausarbeitung und Interpretation dieser Erfahrungen tragen zur Entwicklung der Systeme bei, welche die individuelle und soziale Wirklichkeit erklären.

Suche nach Erkenntnis und Suche nach Vergnügen – dies sind die grundsätzlichen Motivationen des allgemeinen Drogengebrauchs bei den Menschen. Ungeeignete Zugangsweisen und Unwissenheit können zu jenen Verhaltensweisen führen, die als Bedürfnis, sich vor sich selbst zu verstecken und der Wirklichkeit zu entfliehen, interpretiert werden können, wie es von Tolstoj festgestellt wurde. Aber auch in jenen Fällen, die als »pathologisch« definiert werden können, ist darauf zu achten, dass nicht Urteile von rein moralistischer Prägung gefällt werden. Im Umkreis der Wissenschaftler und Forscher auf dem Gebiet der Rauschgiftabhängigkeit hat sich erst kürzlich die Hypothese der *Selbstheilung* verbreitet: Der Heroinsüchtige könnte ein Mensch sein, bei dem die Produktion von Endorphinen – Opiate, die vom Körper selbst hergestellt werden – niedriger ist als im Durchschnitt, und der, sich dessen mehr oder weniger bewusst, in der Einnahme eines exogenen Opiats – des Heroins – eine Lösung für das Problem seines neurochemischen Ungleichgewichts gefunden hat.

Nach einer anderen Interpretation soll der menschliche Drogengebrauch eine die *Anpassung* an die umgebende Wirklichkeit fördernde Funktion besitzen. Einige moderne Soziologen und Anthropologen bezeichnen die

Drogen direkt mit dem Begriff »anpassungsfördernd«, womit sie Substanzen meinen, welche die Anpassung an die Umgebung erleichtern, ob es sich nun um ein Hüttendorf mitten im Urwald des Amazonas oder um eine frustrierende und neurotische Großstadtatmosphäre westlicher Prägung handelt (siehe auch FERICGLA 1994). Josep M. Fericgla, der den Gebrauch des halluzinogenen Getränks Ayahuasca bei den Shuar in Ecuador erforscht hat, behauptet: »Die ethnografischen Daten zwingen uns dazu anzunehmen, dass eines der Ziele, das die Menschen dazu veranlasst, *ayahuasca* (und in Erweiterung Halluzinogene im Allgemeinen) zu nehmen, mit kognitiven Prozessen in Verbindung steht, die eine wirksamere Anpassung ermöglichen. Zusammenfassend kann behauptet werden, dass *ayahuasca* traditionell verwendet wird, um kompensatorische Verhaltensmechanismen in Gang zu setzen, die der Selbstanalyse und der Suche nach Lösungen für gegenwärtige Konflikte, sei es emotionaler Natur oder der Anpassung im Allgemeinen, dienen; das Entheogen fungiert als emotionaler Katalysator mit reinigender Wirkung« (FERICGLA 1996: 5).

Sowohl die Hypothese der »Selbstheilung« (eine rein medizinische Erklärung) wie auch jene der »die Anpassung fördernden Funktion« (psychologische und soziologische Erklärung) gehen von neuen Interpretationen des menschlichen Drogengebrauchs aus, die, obwohl noch nicht vollständig ausgearbeitet, frei sind von den entstellenden Zwängen des moralistischen Vorurteils: Es sind wissenschaftliche Hypothesen.

Wenden wir unseren Blick den Tieren zu, die in ihren natürlichen Lebensräumen Drogen nehmen, können wir daraus einige Schlüsse ziehen. Vor allem möchte ich einen Zweifel anbringen, und ich stelle eine Hypothese auf, nämlich dass das natürliche Verhalten, Drogen zu nehmen, in der Tierwelt viel weiter verbreitet ist, als wir es bis heute festgestellt haben. Mit anderen Worten scheint es so, als stünden wir diesbezüglich mit unserem Wissen erst am Anfang. Und das Phänomen der Tiere, die Drogen nehmen, wird für ein besseres Verständnis der Motivationen, die den Menschen dazu verleiten, sich unter Drogen zu setzen, immer bedeutsamer.

Es ist schwierig, bezüglich der Tiere in Begriffen von Bewusstseinszuständen zu operieren. Aus unserer anthropozentrischen Sicht pflegen wir gewöhnlich den Tieren, und mehr noch den niedrigeren Arten, jegliche Form von Bewusstsein abzustreiten. Das orthodoxe wissenschaftliche Denken ist vom philosophischen Dogma des so genannten Behaviorismus durchzogen;

dieser schließt in der Tierwelt jegliche Gedankenaktivität aus.

Man unterscheidet im Denken gewöhnlich zwei wesentliche Bewusstseinsformen: das wahrnehmende Bewusstsein, das im Wesentlichen die bewusste Wahrnehmung ist, die Erinnerungen oder Gedanken an Objekte oder Ereignisse beinhaltet, und darüber hinaus unmittelbare Informationen der Sinnesorgane umfasst; und das reflexive Bewusstsein, das eine Form der Selbstbetrachtung impliziert, das heißt eine Betrachtung der eigenen Gedanken.

Die Wissenschaft über das Verhalten der Tiere ist dabei, eine immer größere Zahl von Daten zu sammeln, die der »mentalistischen« Ablehnung des Behaviorismus widersprechen, und immer mehr Wissenschaftler beginnen, – indem sie sich vom Paradigma des Behaviorismus distanzieren – die Möglichkeit einzuräumen, dass die Tiere wenigstens über ein wahrnehmendes Bewusstsein verfügen, das heißt, dass sie einfache Gedankenleistungen vollbringen können (Griffin 1999). Zur Bestätigung dieser letzten Hypothese dient gerade das Phänomen, dass Tiere Drogen nehmen.

Es ist schwierig zu verstehen, was die Tiere empfinden, wenn sie Drogen nehmen. In bestimmten Fällen scheint es so, als würden sie sensorische Halluzinationen haben; dies reicht jedoch nicht aus, um den Zustand, »unter Drogen zu stehen« in seiner ganzen Komplexität zu verstehen. Es reicht auch beim Menschen nicht aus. Die Halluzinationen, die ein Mensch unter dem Einfluss eines Halluzinogens hat, sind ein Produkt einer in vielen Fällen nebensächlichen Erfahrung und werden vom Menschen selbst auch als solches interpretiert. Sinn und Inhalt einer psychedelischen Erfahrung beim Menschen gehen weit über die sie begleitenden visuellen und auditiven Halluzinationen hinaus. Man wird also darauf achten müssen, den Zustand eines unter Drogen stehenden Tieres nicht einzig und allein in Begriffen seiner halluzinogenen Komponente zu betrachten.

Für den Moment bleibt uns nur, demütig unser Nichtwissen einzugestehen und zu versuchen, so gut wie möglich offen zu sein und frei von den uns Menschen meist anhaftenden moralischen Dogmen und Vorurteilen. Die Tatsache, dass ein menschliches Verhalten wie jenes, Drogen zu nehmen, das so beharrlich negiert und verboten wird, auch in der übrigen Natur, und zwar bei den Tieren, zu finden ist, müsste für uns eine Lehre sein, vorsichtiger mit unseren Werturteilen und Überzeugungen umzugehen.

Ronald Siegel, der einzige Wissenschaftler, der sich bis jetzt dafür interessiert hat und den Mut hatte, der

Frage ins Auge zu blicken, kommt zu dem Schluss, dass das Streben, sich mit Hilfe von Drogen zu berauschen, ein *Antrieb erster Ordnung* im Verhalten von Lebewesen ist. Die Ergebnisse, die dazu bis heute zusammengetragen worden sind, »zeigen, dass die Suche und Einnahme von Drogen normale biologische Verhaltensweisen sind (...). Die Fähigkeit einer Droge, als Belohnung oder zur Verstärkung des Verhaltens zu dienen, hängt nicht von irgendeiner Anomalie des Gehirns ab. Die Drogen, welche die Tiere zu ihrem Gebrauch auswählen, sind vielmehr solche, die imstande sind, mit den normalen Mechanismen des Gehirns zu interagieren, Mechanismen, die sich im Laufe der Evolution entwickelt haben, um biologisch bedeutsame, auf Nahrung, Wasser und Sex gerichtete Verhaltensweisen zu steuern. Mit anderen Worten stellt das Streben nach berauschenden Drogen vielmehr eine Norm als eine Abweichung dar« (SIEGEL 1989: 100). Siegel führt diese Betrachtungen weiter aus und kommt zu dem Schluss, das der Rausch sowohl bei den Tieren wie auch bei den Menschen »für die Evolution einen die Anpassung fördernden Wert« besitzt (ebd. 211).

Auch ich bin schon vor langer Zeit zu dem gleichen Schluss gekommen, indem ich Vermutungen angestellt habe, die ein wenig von denen Siegels abwichen.

In meinem Jugendwerk hatte ich die Bedeutung eines biologischen Konzepts hervorgehoben, und zwar den »Faktor der Deschematisierung« oder »Faktor PO«, der von dem amerikanischen Arzt Eduard De Bono in den sechziger Jahren definiert und analysiert worden ist.

De Bono bezieht sich im Besonderen auf den Geist und das menschliche Denken und definiert den Faktor PO als jene grundlegende Funktion, die darauf abzielt als deschematisierendes Instrument zu wirken, »um die festgefahrenen Modelle in Unordnung zu bringen«. PO ist ein antisprachliches Konzept: »Die Funktion der Sprache besteht darin, die Modelle zu festigen; die Funktion von PO besteht darin, die Flucht vor diesen Modellen zu ermöglichen« (De Bono 1965: 208). Im menschlichen Geist besitzt PO starke Ähnlichkeit mit Humor und Intuition. Wie diese »erlaubt PO einer Person, Ideen zu gebrauchen, die nicht mit der Erfahrung zusammenhängen. Mit PO kann eine Person, anstatt die Ideen zu verneinen, sie als Anhaltspunkte in Bezug auf andere Ideen verwenden. PO befähigt also dazu, ›dazwischenliegende Unmöglichkeiten‹ zu benutzen. Weil diese ›unmöglichen‹ Ideen sich nicht festen Modellen anpassen, ermöglichen sie, dass man sich von der bestehenden Erfahrung entfernt. PO ist ein Verfahren, sich von der Starrheit festgefahrener Ideen,

Schemen, Einteilungen, Kategorien und Klassifikationen zu befreien. PO ist ein Instrument, um *insight* zu erlangen« (De Bono 1969: 246–265). In meinen Betrachtungen fügte ich hinzu, dass »PO den Grad von Ungewissheit und somit die Möglichkeiten, neue geistige Wege zu finden, erhöht; es erhöht seine Entropie«, und ich zeigte die bestehenden engen Analogien zwischen dem Faktor der Deschematisierung PO und der Wirkung von LSD und allgemeiner der Halluzinogene auf (Samorini 1981).

Der Deschematisierungsfaktor, den De Bono im menschlichen Geist festgestellt hat, könnte eine spezifische Funktion aller Lebewesen sein. Allen Lebewesen sind einige Primärfunktionen gemeinsam, wie die Ernährung und Reproduktion, die beide unerlässlich für ihr Fortbestehen sind. Aber dies ist nicht genug; damit die Art künftig fortbestehen kann, muss sie imstande sein, sich zu entwickeln, indem sie sich als Antwort auf die fortlaufenden Veränderungen der Umwelt anpasst und verändert. Das Prinzip der Bewahrung dessen, was erworben worden ist, strebt danach, die festen Schemata streng zu hüten; um sich zu verändern, um neue Wege zu suchen, ist daher ein Deschematisierungsinstrument (*depatterning*) notwendig, das heißt, man müsste mit einer Deschematisierungsfunktion ausgestattet sein, dank der man imstande wäre, sich wenigstens in bestimmten Momenten dem Gesetz der Bewahrung zu widersetzen. Ich habe den Eindruck, dass das Verhalten von Mensch und Tier, sich mit Drogen zu berauschen, in enger Verbindung mit dieser Deschematisierungsfunktion, dem PO-Faktor, steht.

Falls es sich bestätigt, dass meist nur ein Teil der Mitglieder einer Tierart Drogen nimmt, würde damit dieser Teil eine Funktion nicht nur für sich selbst, sondern für die ganze Art erfüllen.

Wenden wir uns wieder dem Menschen zu, ist zu berücksichtigen, dass bei ihm alle Verhaltensweisen, einschließlich der Primärfunktionen wie Ernährung und Reproduktion, durch die Kultur vermittelt sind.

Da im Antrieb des Menschen, Drogen zu nehmen, eine *natürliche* Komponente festgestellt worden ist, und zwar dadurch, dass die Anwesenheit dieses Antriebs auch bei den Tieren beobachtet werden konnte, müssen die Probleme, die mit dem Drogengebrauch des Menschen verbunden sind, in der *kulturellen* Komponente gesucht werden, die für dieses Verhalten verantwortlich ist: das »Phänomen Droge« ist ein natürliches Phänomen, während das »Problem Droge« ein kulturelles Problem ist.

Die Entwicklung neuer, nicht moralischer Erklärungsmuster des Drogenphänomens steht erst am Anfang, und wie alle Ideen, die gerade erst geboren werden, sind sie noch unscharf und unvollkommen. Geben wir ihnen genügend Zeit und geistigen Raum zu einer Perfektionierung und Ausformulierung, die uns immer näher an eine »Theorie der Drogen« heranführt, zu einem Paradigma, das reifer ist als jenes von Tolstoj.

In der modernen Gesellschaft ist das »Problem Droge« nicht so sehr durch die Existenz der Drogen oder den natürlichen Impuls, Drogen zu nehmen, verursacht als vielmehr dadurch, dass man sich den Drogen kulturell nicht angemessen annähert. Damit der Gebrauch der Drogen sich beim Menschen nicht in einen »bestialischen« Gebrauch verwandelt, ist es wichtig, dass dieses Verhalten wie jedes andere menschliche Verhalten von Kultur und Kenntnissen vermittelt wird, die ihm angemessen sind. Dem Einzelnen und der Gesellschaft werden diese Kenntnisse vorenthalten, darunter vor allem jene, *wie* und in *welchem* Zusammenhang man Drogen verwendet, und dies ist der Grund, warum unpassende Annäherungsweisen entstehen und in der Folge das »Problem Droge«.

Eine konkrete Verbesserung des »Problems Droge« wird durch das *wissenschaftliche* Studium des »Phänomens Droge« und durch das Erkennen der Variablen erreicht, die dieses Phänomen im Kontext der intimen Beziehung zwischen Natur und menschlicher Kultur regeln.

Bibliografie

ABEL, O.: *Amerikafahrt*, G. Fischer, Jena 1923.

BAZANTÉ, G.: »Un problème à éclaircir: celui de la Tue-mouche«, in: *Revue de Mycologie* 30 (1965) 116–121.

BAZANTÉ, G.: »L'Amanite tue-mouche, bien ou mal nommée?«, in: *Revue de Mycologie* 31 (1966) 261–268.

BERGTOLD, W.H.: »Intoxicated Robins«, in: *Auk* 47 (1930) 571.

BOWDEN, K. et al.: «Constituents of *Amanita muscaria*«, in: *Nature* 206 (1965) 1359–60.

CAMPORESI, P.: *Il pane selvaggio*, Il Mulino, Bologna 1980.

CARDASSIS, J.: »Intoxication des Equidés par *Cannabis indica*«, in: *Recueils de Médecine Vétérinaire* 127 (1951) 971–973.

CELLI, G.: *Vita segreta degli animali*, Piemme, Casale Monferrato 1999.

CORDIER, F. S.: *Les champignons de France*, Rothschlund, Paris 1870.

DE BONO, E.: »Il cervello e il pensiero«, in: AA. VV., *Il Cervello. Organizzazione e funzioni*, Le Scienze, Milano 1965: 203–208.

DELFINI, M.: *La vita segreta degli insetti geniali*, Muzzio, Padua 1998.

DODSON, C.H.: »The importance of pollination in the evolution of the orchids of tropical America«, in: *Bulletin of the American Orchids Society* 31 (1962) 525–534, 641–649, 731–735.

FERICGLA, J. M.: »Alucinógenos o adaptógenos inespecíficos?«, in: AA. VV., *Plantas, Chamanismo y Estados de Consciencia*, Los Libros de la Liebre de Marzo, Barcelona 1994: 231–252.

FERICGLA, J.M.: »Teoria e applicazioni dell'immaginazione generata dall'ayahuasca«, in: *Eleusis* 5 (1996) 3–18.

FLORU, L. et al.: »Influence of Psychotropic Substances on Hornet Behaviour in Colonies of *Vespa orientalis* F (Hymenoptera)«, in: *Psychopharmacology* 14 (1969) 323–341.

GRANT, V. und K. A.: »Behavior of hawkmoths on flowers of *Datura meteloides*«, in *Botanical Gazette* 144 (1983) 280–284.

GRIFFIN, D. R.: *Menti animali*, Boringhieri, Turin 1999.

GRINNELL, J.: »Doped Robins«, in: *Condor* 28 (1926) 97.

HARNEY, J. W. et al.: «Behavioral activity of catnip and its constituents: nepetalic acid and nepetalactone«, in: *Federal Proceedings*, 33 (1974) 481.

KENNEDY, A. B.: »Ecce *Bufo*: il rospo in natura e nell'iconografia degli Olmec«, in: *Quaderni di Semantica*, 8 (1987) 229–263.

LEWIN, L.: *Phantastika,* 3 Bde., Savelli, Mailand 1981 (Nachdruck von 1924).

LILLY, J. C.: *La comunicazione tra l'uomo e il delfino*, Cesco Ciapanna, Rom 1981.

LINDNER, P.: *Entdeckte Verborgenheiten*, Berlin 1923.

LOCQUIN-LINARD, M.: »Etude de l'action de l'*Amanita muscaria* sur les mouches«, in: *Revue de Mycologie* 30 (1965) 122–123, 31 (1966) 269–276, 32 (1967) 428–437.

MANTEGAZZA, P.: *Quadri della natura umana. Feste ed ebbrezze*, Brigola, Mailand 1871.

MARAIS, E.: *My Friends the Baboons*, McBride, New York 1940.

MCGOWAN, C.: *Predatori e prede*, Longanesi, Mailand 1999.

MOLYNEUX, R. J., und L. F. JAMES: »Loco Intoxication: Indolizidine Alkaloids of Spotted Locoweed (*Astragalus lentiginosus*), in: *Science*, 216 (1982) 190–191.

MORGAN, A.: *Toads and Toadstools*, Celestial Arts, Berkeley 1995.

NEWTON, P. N., und T. NISHIDA: »Possible buccal administration of herbal drugs by wild chimpanzees, *Pan troglodytes*«, in: *Animal Behaviour* 39 (1991) 798–801.

OTT, J.: *Pharmacotheon*, Natural Products, Kennewick, Washington 1996.

PAGANI, S.: *Funghetti*, Nautilus, Turin 1993.

PALEN, G. F., und G. V. GODDARD: »Catnip and oestrous behaviour in the cat«, in: *Animal Behaviour* 14 (1966) 372–377.

PAULET, J. J.: *Traité des Champignons*, 2 Bde., Paris 1793.

RAMSBOTTOM, J.: *Mushrooms and Toadstools*, Collins, London 1953.

REKO, V. A.: *Magische Gifte*, VWB, Berlin 1996 (Nachdruck von 1938).

RODRIGUEZ, E. et al.: «Thiarubine A, a bioactive constituent of *Aspilia* (Asteraceae) consumed by wild chimpanzees«, in: *Experientia* 41 (1985) 419–420.

SAMORINI, G.: »Funghi allucinogeni italiani«, in: *Annali del Museo Civico di Rovereto,* Suppl.-Bd. 8 (1993) 125–149.

SAMORINI, G.: *Gli allucinogeni nel mito. Racconti sulle origine delle piante psicoattive*, Nautilus, Turin 1995a (dt. *Halluzinogene im Mythos. Vom Ursprung psychoaktiver Pflanzen*, Nachtschatten Verlag, Solothurn 1998).

SAMORINI, G.: »Paolo Mantegazza (1831–1910): pioniere italiano degli studi sulle droghe«, in: *Eleusis* 2 (1995b) 14–20.

SAMORINI. G.: »Fly-agaric, flies and toads: a new hypothesis«, in: *The Entheogen Review* 8/3 (1999) 85–89.

SAMORINI, G.: *Funghi allucinogeni. Studi etnomicologici*, Telesterion, Vicenza 2000.

SIEGEL, R.: *Intoxication. Life in Pursuit of Artificial Paradise*, Dutton, New York 1989 (dt. *RauschDrogen. Sehnsucht nach dem künstlichen Paradies*, Rowohlt, Reinbek b. Hamburg 2000).

STAFFORD, P.: *Enciclopedia psichedelica*, Cesco Ciapenna, Rom 1979.

TAKEMOTO, T., und T. NAKAJIMA: »Isolation of the insecticidal constituent from *Tricholoma muscarium*«, in: *Yakugaku Zasshi* 84 (1964) 1183–1185.

TART, C.: *Stati di coscienza*, Ubaldini, Rom 1997.

THORN, R. G., und G. L. BARRON: »Carnivorous mushrooms«, in: *Science*, 224 (1984) 76–78.

TODD, N. B.: »Inheritance of the catnip response in domestic cats«, in: *Journal of Heredity* 53 (1962) 54–56.

TOLSTOJ, L.: *Perché la gente si droga? e altri saggi su società, politica, religione*, Mondadori, Mailand 1988.

VALIERI, R.: *Sulla canapa nostrana e suoi preparati in sostituzione della Cannabis indica*, Tipografia dell'Unione, Neapel 1887.

Christian Rätsch

Enzyklopädie der psychoaktiven Pflanzen

Botanik, Ethnopharmakologie und Anwendungen

Mit einem Vorwort von Albert Hofmann

Weltweit das erste umfassende Werk, das nach dem heutigen Stand der wissenschaftlichen Erkenntnis die Welt der psychoaktiven Pflanzen systematisch erschliesst. Die Pflanzen werden in Monografien mit allen relevanten Informationen zu Botanik, Aussehen, Anbaumethoden, Zubereitung und Dosierung, Geschichte, rituellen und medizinischen Verwendungen, Inhaltsstoffen, Wirkungen, Marktformen und allfälligen Vorschriften beschrieben. Die Pflanzen sind bis auf wenige Ausnahmen alle in Farbfotos dargestellt.